WESTEND

HEINER FLASSBECK

DER BEGRENZTE PLANET UND DIE UNBEGRENZTE WIRTSCHAFT

Lassen sich Ökonomie und Ökologie versöhnen?

WESTEND

Mehr über unsere Autoren und Bücher:
www.westendverlag.de

Die Deutsche Nationalbibliothek verzeichnet diese Publikation in der Deutschen Nationalbibliografie; detaillierte bibliografische Daten sind im Internet über http://dnb.d-nb.de abrufbar.

FSC www.fsc.org
MIX
Papier aus verantwortungsvollen Quellen
FSC® C083411

ISBN 978-3-86489-312-4

Umschlaggestaltung: Buchgut, Berlin
Satz: Publikations Atelier, Dreieich
Druck und Bindung: CPI – Clausen & Bosse, Leck
Printed in Germany

Inhalt

Was auf dem Spiel steht

Vieles steht auf dem Spiel. Manche sagen, es gehe um alles. In der Tat geht es um die Frage, ob eine wachsende und nach Wohlstand gierende Menschheit in der Lage ist, sich auf einem begrenzten Planeten so einzurichten, dass auch die den Menschen umgebende und für sein eigenes Überleben unabdingbare Natur eine Chance hat. Doch es geht auch darum, ob das »Einrichten der Menschen« in Übereinstimmung zu bringen ist mit demokratischen Prozessen und mit einer Wirtschaft, die der großen Mehrheit der Menschen bei einer ökologisch nachhaltigen Entwicklung eine Chance gibt, ihre persönlichen Lebensumstände zu verbessern. Gelingt Letzteres nicht, wird es global gesehen keine demokratischen Mehrheiten für die massive Veränderung der Lebensumstände geben, die in jedem Fall notwendig ist, um die Menschheit auf einen naturverträglichen Pfad zu führen.

Die Einsichten der Naturwissenschaftler sind klar und nicht zu widerlegen. Sie verweisen zu Recht darauf, dass es auf einem begrenzten Planeten mit begrenzten Ressourcen nun einmal nicht unbegrenztes Wachstum und fortdauernden Ressourcenverbrauch geben könne. Drei Erden, so die Wachstumskritiker, brauche man, wenn die Menschheit noch hundert Jahre so weitermache. Da es die offensichtlich nicht gebe, müsse man sofort umkehren, weil sonst die Schäden, die der Mensch diesem Planeten zufüge, nicht wiedergutzumachen seien.

Auch die menschliche Bevölkerung, das scheint aus naturwissenschaftlicher Sicht ebenso offensichtlich, könne nicht unbegrenzt weiterwachsen. Ob der Planet mehr als zehn Milliarden Menschen verkraften kann, ist zumindest eine sehr offene Frage. Doch auch mit dieser Feststellung ist nichts gewonnen. Wer soll und muss sich anpassen? Um diese Frage geht es, und sie ist nicht leicht zu beantworten. Westlich-nördliche Vorstellungen davon, wie man »die Entwicklungsländer« davon »überzeugt«, in geringerem Maße auf Bevölkerungswachstum zu setzen, sind jedenfalls völlig fehl am Platz. Auch hier kann man den ärmeren Ländern nicht verweigern, das zu tun, was die entwickelten Länder vorgemacht haben, nämlich genau den Zeitpunkt anzustreben, bei dem sich das Bevölkerungswachstum abflacht, weil ein gewisser Lebensstandard erreicht wurde.

Gleichwohl sind die naturwissenschaftlichen Argumente insgesamt überzeugend. Wenn der letzte Liter Öl aus dem Wüstensand gekratzt und der letzte Zentner Kohle gehoben ist, kann niemand die fossilen Rohstoffe zurückholen, die sich über Milliarden von Jahren gebildet haben. Niemand kann sie recyceln und von Neuem verbrauchen. Das Gesetz der Entropie hat sich ihrer bemächtigt. Zwar sind die Stoffe noch da, aber nie mehr in einer Form, die für den Menschen nutzbar ist. Auch viele andere Materialien werden früher oder später so in menschliche Produkte und Konstruktionen eingebunden sein, dass sie nur mit wirtschaftlich nicht zu vertretenden Kosten zurückgewonnen werden könnten.

Selbst Sand, der sich zum Bauen eignet, ist schon heute auf dieser Erde knapp.

Die Angst vor den Folgen rasanter menschlicher Wirtschaftsaktivität ist nicht neu. Schon in den Fünfzigerjahren des vorigen Jahrhunderts schrieb Kenneth Boulding, ein Ökonom, über die wirtschaftlichen Verhältnisse des Planeten Erde und warnte vor der Endlichkeit der Ressourcen. In den Siebzigerjahren war es der Club of Rome, der eine Studie anstieß, die »Grenzen des Wachstums« postulierte und von vielen als der Beginn der grünen Bewegung angesehen wird. Seit den Neunzigerjahren ist es die Klimaforschung, die vor den Folgen eines ungehemmten Ausstoßes von CO_2 warnt und für die nächsten Jahrzehnte eine Erwärmung des Planeten Erde vorhersagt, die ungeahnt negative Folgen für die Menschheit haben könnte.

Kein vernünftiger Mensch kann bestreiten, dass der Homo sapiens (der wissende Mensch) bis heute schon mit seinem Planeten in einer Art und Weise umgesprungen ist, die nur pathologisch genannt werden kann. Mit einer Brutalität ohnegleichen hat er sich die Natur untertan gemacht, hat die Landschaft nach seinen Wünschen geformt, die Natur zurückgedrängt, unzählige Tierarten ausgerottet und selbst vor den gewaltigen Meeren hat seine Zerstörungsgewalt nicht haltgemacht. Ermöglicht hat das die Verfügbarkeit von Energie, in erster Linie die leichte Verfügbarkeit von fossilen Energieträgern.

Nicht zu vergessen jedoch, dass er auch mit seinesgleichen über die Jahrtausende nicht zimperlich umgesprungen ist. Erst die Erfindung von Waffen mit dem Potential, die halbe Menschheit in kurzer Zeit zu vernichten, hat die großen Konflikte, denen früher Millionen von Menschen zum Opfer fielen, zu einem zu großen Risiko werden lassen. Andererseits ist die Kraft des Atoms im globalen Maßstab bisher die einzige breit verfügbare Form der Energie geworden, die nicht auf der Verbrennung fossiler Reserven beruht.

Und doch, obwohl das alles vollkommen unbestreitbar ist, gibt es keinen einfachen Weg zurück. Ja, es gibt nicht einmal einen einfachen Weg zum Stillstand, zu einem Zustand also, bei dem wenigstens nicht immer mehr verbraucht, zerstört und unwiederbringlich vernichtet wird. Genau von diesem Paradox, dieser unerträglichen Spannung zwischen dem Wollen und Müssen auf der einen Seite und dem Tun auf der anderen Seite, handelt das vorliegende Buch. Es versucht zu erklären, warum die Menschheit kollektiv und offenbar systematisch vor der Aufgabe versagt, sich an die Begrenzungen, die von einer endlichen Erde gefordert werden, anzupassen.

Nun hat die Welt den größten wirtschaftlichen Schock erlebt, den man sich zu Friedenszeiten vorstellen kann, und die Klimadebatte ist vorübergehend verstummt. Der von den Regierungen der meisten Länder der Welt verordnete Stillstand der Wirtschaft, um die Verbreitung des Corona-Virus zu verlangsamen, hat ungeahnt dramatisch negative Auswirkungen auf die Wirtschaftstätigkeit und dürfte die Klimabewegung für viele Jahre zurückwerfen. Ja, zurückwerfen und nicht fördern!

Zwar gibt es einige, die glauben, die Mehrheit der Menschen habe während des Stillstandes gesehen, wie schön die Welt sein könnte, wenn alles weniger hektisch und aufgeregt abläuft und am Himmel keine Kondensstreifen von Flugzeugen zu sehen sind. Doch das ist ein grandioser Irrtum. Diejenigen, die den Stillstand genossen haben, vergessen einfach die anderen, die durch den Stillstand in existentielle Nöte gestürzt worden sind, seien es Unternehmer, die ihre Firmen nicht retten konnten, seien es Arbeitnehmer, die ihren Arbeitsplatz verloren haben.

Der Corona-bedingte Stillstand, der vom Staat verordnet wurde und dessen Auswirkungen vom Staat mit gewaltigen Summen gedämpft werden sollen, wird in die Geschichte eingehen als das klassische Beispiel dafür, wie die Staaten mit einseitigen Eingriffen in die Wirtschaft Unglück und Arbeitslosigkeit erzeugen, ohne dass die Regierungen wirklich in der Lage wären – selbst unter Einsatz gewaltiger Summen –, das Schlimmste zu verhindern. Jeder, der in Zukunft mit der Forderung kommt, eine wirtschaftliche Tätigkeit müsse vom Staat unterbunden werden, weil sie schädlich für das Klima und die Umwelt ist, wird sich mit dem Corona-Schock und seinen Folgen konfrontiert sehen.

Arbeitslosigkeit, das ist die entscheidende Botschaft dieses Buches, ist sozusagen der natürliche Gegner der Umweltbewegung. Wer den Menschen einen Strukturwandel abverlangen will, der viele einzelne Arbeitsplätze kostet, muss in der Lage sein, an anderer Stelle so viele neue Arbeitsplätze zur Verfügung zu stellen, dass der Wandel für die Masse der Menschen erträglich wird. Das wirtschaftspolitische Versagen der Regierungen in der Coronakrise und der darauffolgende Anstieg der Arbeitslosigkeit vermindern in dramatischer Weise die Glaubwürdigkeit jeder Politik, die Anpassung an natürliche Zwänge verlangt und gleichzeitig Ausgleich durch den Staat verspricht.

Das Buch endet aber dennoch nicht in Pessimismus und Defätismus, sondern es zeigt konkret auf, wie es gehen könnte, wenn die Menschen in der Lage wären, einige einfache Vorurteile über Bord zu werfen. Die Mehrzahl dieser Vorurteile betrifft die Wirtschaft. Die ökologische Frage hat nur in der allerersten Stufe der Wahrnehmung mit den Naturwissenschaften zu tun. Alles, was nach der Erkenntnis kommt, dass es so nicht weitergehen kann, ist dem Bereich Wirtschaft zuzuordnen.

Ökologie muss ein unauflöslicher Teil der Wirtschaft werden, muss fest verankert werden in die Werte- und Konsumordnung der Menschen, in der sich bisher ganz überwiegend die Nachfrage nach Wirtschaftsgütern aneinanderreiht. Diese Verankerung ist möglich, aber sie erfordert eine kompetente globale Staatengemeinschaft, die einerseits in der Lage ist, die wirtschaftlichen Folgen des ökologischen Umbaus der Wirtschaft abzufedern, und andererseits eine generelle Wirtschafts- und Verteilungspolitik zu verfolgen, mit der bei demokratischen Wahlen in den Nationalstaaten Mehrheiten gewonnen werden können.

Von der Erfüllung dieser Voraussetzungen ist die internationale Staatengemeinschaft heute leider unendlich weit entfernt. Das liegt aber nicht einmal in erster Linie daran, dass es keine funktionsfähige internationale Staatengemeinschaft gibt, sondern daran, dass es weder auf der Weltebene noch in den Nationalstaaten eine tragfähige wirtschaftspolitische Konzeption gibt. Ohne dass wir wirklich beginnen zu begreifen, wie eine gemischte Wirtschaft aus staatlichen und privaten Akteuren funktioniert, sind wir einfach nicht in der Lage, das zu tun, was aus ökologischen Gründen notwendig und möglich wäre.

Hier, in der Unfähigkeit der Staatengemeinschaft, sich auf ein kohärentes und empirisch abgesichertes Wirtschaftsmodell zu einigen, liegt das Haupthindernis für die mangelnde Bereitschaft der Politik, die ökologische Herausforderung anzunehmen. Die allenthalben in der Politik der westlichen Industrieländer zu beobachtende Angst, den Menschen eine schnellere und radikalere Anpassung an eine ökologisch vernünftige Lebensweise zuzumuten, liegt ganz unmittelbar an ihrer Unfähigkeit, auch in den Zeiten eines radikalen Strukturwandels eine Wirtschaftsdynamik in Gang zu setzen, die der Masse der Menschen die Zukunftsangst und insbesondere die Angst vor dem Verlust ihres Arbeitsplatzes nimmt.

Meine Position zur Klimafrage lässt sich in fünf einfachen Postulaten zusammenfassen:

1. Dass es eine globale Erwärmung gibt, kann man nicht ernsthaft bestreiten. Allein die Ballung der wärmsten Jahre seit Beginn der Wetteraufzeichnungen (im Jahr 1881 in Europa) in diesem Jahrhundert ist nicht von der Hand zu weisen. Auch die Erwärmung der Arktis in den letzten dreißig Jahren ist eine nicht mehr zu leugnende Tatsache. Globale Temperaturmessung über lange Zeiträume der Vergangenheit ist sicher sehr viel komplizierter, aber auch da kann man die große Mehrheit der Klimawissenschaftler nicht widerlegen.
2. Dass diese Erwärmung menschengemacht ist, ist extrem wahrscheinlich. Es wird jedoch immer wieder vorgebracht, dass es schon zu früheren Zeiten Warmphasen gegeben habe. Das ist kaum zu bestreiten, auch wenn man wenig über die Zeiträume weiß, in denen sich das Klima gewandelt hat. Darauf lässt sich allerdings kein überzeugendes Argument aufbauen. Wir wissen einfach nicht, wie viele Opfer es damals jeweils gegeben hat, obwohl die Erde weit weniger dicht besiedelt war und sich die Umstellung über

längere Zeiträume erstreckte. Heute, wo wir Informationen aus dem letzten Winkel der Erde erhalten können, ist es nicht zu verantworten, die Augen vor den Gefahren, die in bestimmten Regionen Millionen von Menschen drohen, zu schließen.

3. Die regionalen Auswirkungen der globalen Erwärmung lassen sich weit weniger klar vorhersagen. Es wird immer wieder suggeriert, es werde am Ende nur Verlierer geben. Solange die Erwärmung jedoch nicht vollkommen außer Kontrolle gerät, kann man nicht ausschließen, dass es Regionen geben wird, die per saldo gewinnen, und solche, die verlieren. Mittel- und Nordeuropa sind bei einer Erwärmung von zwei bis drei Grad vergleichbar den heutigen Regionen, die am Mittelmeer liegen. Das ist keine Katastrophe, sondern erfordert Umstellung in einigen Bereichen wie in der Landwirtschaft. Viele Menschen werden es als eine Verbesserung ihrer Situation ansehen. Käme es tatsächlich so, würde es die Möglichkeiten für eine globale politische Einigung natürlich erheblich erschweren.
4. Obwohl die Bedrohung durch eine globale Erwärmung real ist, gibt es keinen einfachen Weg, auf dem die Menschheit den einmal eingeschlagenen Pfad einer durch fossile Energieträger ermöglichten wirtschaftlichen Entwicklung verlassen kann. Die herrschende Wirtschaftstheorie steht dem im Wege und es gibt auf der globalen Ebene keine demokratisch legitimierten Organe und Institutionen, die den Strukturwandel und die neue Wirtschaftspolitik durchsetzen und begleiten könnten, die man bräuchte, um in klar definierten Zeiträumen klimaneutral zu werden. Nationale, regionale und individuelle Anstrengungen sind gut gemeint und helfen dem Gewissen der Betroffenen sicher-

lich, bedeuten aber keinen Beitrag zur Lösung des globalen Problems. Über sehr lange Fristen kann dennoch der Ausstieg aus der fossilen Wirtschaft gelingen, wenn die herrschende Wirtschaftslehre überwunden wird. Das setzt eine gewaltige Kraftanstrengung in der wirtschaftswissenschaftlichen Bildung voraus, auch wenn deren positive Wirkung erst in einigen Jahrzehnten zum Tragen kommen wird.

5. Das Gebot für die nächsten beiden Jahrzehnte ist daher Anpassung an geänderte Umweltbedingungen und Hilfe für die Betroffenen nach dem Motto: »Wer die Flut nicht verhindern kann, muss die Dämme hochziehen.« Der Mensch wird vermutlich auch dieses Mal das tun, was er am besten kann, nämlich erst dann handeln, wenn die Situation, die ihn zum Handeln zwingt, schon eingetreten ist.

1 Paris, Madrid und die Freitage

War Paris die Wende?

Ich bezweifle es. Die Erklärung des Pariser Gipfels im Jahr 2015 war sicher ein Fortschritt. Man kann auch gut nachvollziehen, dass die Abschlusserklärung von den Diplomaten und Politikern, die viele Tage darum ernsthaft und sicher auch mit großer Leidenschaft gerungen haben, als ein großer Schritt für die Menschheit betrachtet wurde. Es ist an sich ja schon eine große Leistung, einen gehaltvollen Text zustande zu bringen, auf den sich 196 souveräne Nationen einigen können. Ich habe selbst von Seiten des Sekretariats der Vereinten Nationen an solchen Erklärungen mitgeschrieben und man tendiert in der Tat dazu, die Bedeutung eines solchen Textes – ist er nach langen und nervenaufreibenden Verhandlungen endlich akzeptiert – in grandioser Weise zu überschätzen.

Liest man die 29 Artikel der Erklärung mit einem gewissen räumlichen und zeitlichen Abstand, ist die Begeisterung weniger groß. Der Text ist sehr allgemein gehalten und er konzentriert sich auf die anzustrebenden Ziele, nicht aber auf das eigentlich Wichtige, nämlich die Mittel, die global zum Einsatz kommen sollen, um die Ziele zu erreichen. Ziele festzulegen, ohne über Mittel zu sprechen, ist für eine relativ lose Staatengemeinschaft, wie es die Vereinten Nationen nun mal sind, sicher ein angemessener Ausgangspunkt. Soll aber effektiv etwas erreicht werden, reicht die Einigung über Ziele niemals aus. Man kann das an den sogenannten Millenniumszielen sehr gut nachverfolgen, die in den Vereinten Nationen über viele Jahre das Topthema waren, in der praktischen Politik der Mitgliedsländer aber keine Rolle gespielt und das breite Publikum nie erreicht haben.

So wird es hier vermutlich auch kommen. Es ist eine Illusion zu glauben, man könne eine Verdrängung fossiler Brennstoffe erwarten, ohne dass es eine lang anhaltende und für die Investoren abgesicherte relative Verteuerung von Kohle und Öl im Vergleich zu erneuerbaren Energieträgern gäbe. Bei einem Ölpreis von fünfzig Dollar pro Barrel ist der reale Ölpreis (also der um die Inflationsrate der westlichen Industrieländer deflationierte Ölpreis) kaum höher als zu Anfang der Siebzigerjahre, also vor den sogenannten Ölpreisexplosionen. In einer Welt, in der Rohstoffpreise und vor allem der Ölpreis von den Finanzmärkten getrieben werden, wo die Ölproduzenten bei geringeren Preisen dazu tendieren, mehr zu produzieren, weil sie sonst ihre Staatshaushalte nicht finanzieren können, und wo Kohle und Gas in sehr großen Mengen zu sehr günstigen Preisen zur Verfügung stehen, reichen Absichtserklärungen von Regierungen einfach nicht aus.

Wäre Paris eine substantielle Wende gewesen, hätten sich die Anbieter von Kohle und Öl dazu verpflichten müssen, von nun an kontinuierlich weniger der fossilen Stoffe zu fördern, damit es zu einem nicht mehr reversiblen Anstieg der Preise kommt und alle Verbraucher gezwungen sind, sich sofort und vorausschauend anzupassen. Zu glauben, man könne die fossilen Energieträger im bisherigen Tempo aus der Erde holen, ihre Preise dem Markt überlassen und die Regierungen würden in der ganzen Welt stark genug sein, um gegen den Anreiz, die billigen fossilen Energieträger zu nutzen, deren Verwendung zurückzudrängen, ist eine phantastische Idee. Mit der Wirklichkeit hat sie nichts zu tun.

Alle Regierungen, die bei den regelmäßigen Überprüfungen des Einsparungsfortschritts als Klimasünder gebrandmarkt werden, werden genau das einwenden. Sie werden sagen, dass sie nicht stark genug waren, sich gegen die globalen Kräfte des Marktes für fossile Energie zu stemmen. Und sie werden auch sagen, dass sie das so lange nicht können, bis alle Länder das untereinander abgestimmt haben und in gleicher Weise tun. Und man wird in den Pariser Vertrag schauen und sehen, dass er nichts enthält, was ein solches gleichgerichtetes Handeln erzwingen oder auch nur fördern würde.

Von Paris nach Madrid über Bonn

Als vor zwei Jahren auf dem Klimagipfel in Paris die Delegierten aller Länder dieser Welt in frenetischen Jubel ausbrachen ob der »historischen Wende« in der Klimapolitik, da konnte man als naiver Bürger glauben, dass diese Delegierten nach dem Gipfel nach Hause reisen und sofort damit beginnen, die politischen Weichen in Richtung Ausstieg aus der fossilen Energie zu setzen, weil ja nichts wichtiger sein konnte, als ohne jeden Zeitverzug den Bürgern und den Unternehmen die entscheidenden Signale dafür zu geben, dass die fossilen Energieträger ersetzt werden müssen. Man musste sich ja im Klaren darüber sein, dass kein Land der Welt über Nacht aus der fossilen Energie aussteigen kann, was schlicht und einfach bedeutet, dass überhaupt keine Zeit verloren werden durfte, denn der Ausstieg selbst würde sich über Jahre, wenn nicht über Jahrzehnte hinziehen.

Doch, wie gesagt, das ist die naive Sicht auf die Welt. Tatsächlich geschah nach Paris absolut nichts. Ja, es ist sogar sinnvoll zu sagen, dass mehr als nichts geschah, denn ziemlich bald nach dem Pariser Gipfel begann der Ölpreis deutlich zu sinken, was zwar klimapolitisch eine Katastrophe war, aber in den meisten Hauptstädten als wunderbares Geschenk, als »Konjunkturprogramm« für die Industriestaaten bejubelt wurde.

Auch nach der zwei Jahre später abgehaltenen Klimakonferenz der Vereinten Nationen in Bonn wurde der Klimaschutz von allen Seiten »neu entdeckt«, passiert ist jedoch wiederum nicht viel. Man war zwar »plötzlich« ganz erstaunt, dass Deutschland selbst sein bescheidenes Ziel, den CO_2-Ausstoß zwischen 1990 und 2020 um vierzig Prozent zu reduzieren, nicht erreichen würde, man hat aber sogar in der Politik und in den Medien vergessen, dass ein Großteil der deutschen Verringerung der Tatsache geschuldet ist, dass man (auf deutschen Druck hin übrigens) mit der Zielsetzung im Jahr 1990 angefangen hat und somit der industrielle Untergang der DDR das deutsche Ziel maßgeblich »gefördert« hat. »Plötzlich« stellten sich Reporter scharenweise in die Bonner Konferenzhallen und berichteten schnappatmend darüber, dass die Welt sich keineswegs auf dem Zielpfad bewegt, den sie sich scheinbar in Paris gesetzt hat.

Eine wirkliche globale Energiewende ließe sich politisch in den meisten Demokratien ohnehin nur durchsetzen und rechtfertigen, wenn man bereit wäre, die ärmeren Bevölkerungsschichten durch eine wirklich großzügige Sozialpolitik davor zu schützen, zu den Hauptleidtragenden einer solchen Strategie zu werden. Auch hier zeigt sich, wie wenig konsequent die deutsche Energiewende auch von der Mehrheit derer vertreten wird, die sich ihrer Erfolge gerne rühmen. Das Thema sozialer Ausgleich für die hohen Stromkosten existiert in Deutschland praktisch nicht. Zwar hat man der deutschen Industrie von Anfang an vielerlei Hilfestellung und Unterstützung gegeben. Von einer Sozialpolitik aber, die für die unteren Gehaltsgruppen einen Ausgleich in dem Sinne schafft, dass alle Haushalte in etwa gleicher Höhe (in Prozent ihres Einkommens) zu den zusätzlichen Kosten beitragen, ist nie ernsthaft die Rede gewesen.

Dann kam Madrid. Die Konferenz, die Ende 2019 abgehalten und COP25 genannt wurde, war ein glattes Debakel. Und es geschah genau das, was ein kundiger Beobachter erwarten musste. Die wichtigsten Öl- und Kohleproduzenten dieser Welt stellten sich gegen den Rest der Weltgemeinschaft. Die USA (mittlerweile der größte Ölproduzent der Welt), Australien, Brasilien und Saudi-Arabien waren nicht bereit, sich für einen kohärenten globalen Handel mit CO_2-Zertifikaten zu engagieren. Warum sollten sie auch? Aus ihrer Sicht geht es bei der Verteuerung der Nutzung von CO_2 um einen Preiskampf bei »ihren« Ressourcen, den sie nur gewinnen können, wenn sie sich systematisch gegen einen Konsens der Weltgemeinschaft stellen.

Genau mit diesem Phänomen muss sich derjenige auseinandersetzen, der erfolgreich Klimapolitik betreiben will. Es genügt nicht, einen Konsens der Naturwissenschaftler zu beschwören und mit katastrophalen Auswirkungen zu drohen. Gelingt es nicht, die großen Anbieter von fossilen Energieträgern in eine globale Strategie einzubinden, ist jede Anstrengung auf nationaler, regionaler oder individueller Ebene sinnlos.

Das ist ein hartes Urteil und wird in weiten Kreisen als Entmutigung all derjenigen verstanden, die guten Willens sind und gerne »ihren« Beitrag leisten möchten. Doch »ihren« Beitrag gibt es nicht. Die Logik gesamtwirtschaftlicher Phänomene ist für viele nicht leicht zu verstehen, aber sie ist unerbittlich: Entweder wir tun alle das Richtige oder niemand tut das Richtige. Und man muss noch einen Schritt weitergehen und konstatieren, dass jemand (eine Institution auf der globalen Ebene) die Menschen zwingen muss, gemeinsam das Richtige zu tun, weil es absolut naiv wäre zu erwarten, dass genügend viele freiwillig und aus innerer Überzeugung das Richtige tun.

Fridays for Future

Genau an der Stelle liegt das Problem von Fridays for Future, der Bewegung junger Leute, die von Greta Thunberg angestoßen wurde. Sie stellt sich vor die Naturwissenschaftler und wählt in Sachen Bedrohung durch den Klimawandel große Worte, um die Gefahren zu beschreiben, weil die großen politischen Taten auf sich warten lassen. Doch das genügt nicht. Es ist unumgänglich, mit ernsthaftem Nachdenken über die relevanten sozialen und wirtschaftlichen Zusammenhänge zu beginnen.

Der Punkt, der von allen Seiten inklusive Fridays for Future missverstanden wird (und den man sich auch nicht gerne bewusst macht), ist die unverbrüchliche Verknüpfung des Klimawandels mit der Art, wie die meisten Menschen auf der Erde seit mehr als hundert Jahren leben und – nicht zu vergessen – wie sich ihr Leben in dieser Zeit entwickelt hat. Rainer Fischbach hat das in einer Artikelserie sehr anschaulich beschrieben.[1] Diese Verknüpfung zu lösen, ist zwar möglich, aber die zeitliche Dimension ist eine ganz andere, als in der Klimadebatte erwartet, und die Instrumente, die man benötigt, sind ganz andere, als sie von der Politik auf nationaler Ebene auch nur diskutiert werden.

Fridays for Future schreibt auf seiner deutschen Internetseite:

> »Die Klimakrise ist eine reale Bedrohung für die menschliche Zivilisation – die Bewältigung der Klimakrise ist die Hauptaufgabe des 21. Jahrhunderts. Wir fordern eine Politik, die dieser Aufgabe gerecht wird.«[2]

Und etwas später heißt es:

> »Über 27 000 Wissenschaftler*innen allein im deutschsprachigen Raum stehen hinter uns und unterstützen unsere Forderungen. Wir fordern von der Politik nicht mehr als die Berücksichtigung wissenschaftlicher Fakten.«[3]

Das mag alles völlig richtig sein, es ändert aber nichts an den Zwängen, denen sich die Politik gegenübersieht. Die Bundesregierung behauptet, sie habe nun genau das getan, was Fridays for Future fordert, nämlich unter »Berücksichtigung wissenschaftlicher Fakten« eine große Menge von Maßnahmen beschlossen. Doch das Paket der Bundesregierung wird hinsichtlich der gewaltigen Aufgabe der Entknüpfung des globalen Wohlstandes und der globalen Entwicklung von der Verwendung fossiler Energie ein Schritt sein, der zwar in die richtige Richtung zielt, aber quantitativ ohne jede Bedeutung ist.

Wohlgemerkt, Jugendliche, die sich für eine nachhaltige Lebensweise engagieren, sind das Beste, was diesem Planeten widerfahren kann. Die Klimaaktivisten müssen aber lernen, dass die Bewältigung der Klimafrage nicht im luftleeren Raum stattfindet. Sie findet in einem politischen, sozialen und wirtschaftlichen Zusammenhang statt, der so ausgestaltet bleiben muss, dass die Bewältigung der Klimafrage in den demokratisch organisierten Staaten Mehrheiten generiert. Tut sie das nicht, wird die Klimafrage überhaupt nicht gelöst, sondern einfach beiseitegeschoben, wie es heute schon in einigen wichtigen Ländern (USA, Brasilien) zu beobachten ist. Klimaforscher können nur sagen, was aus naturwissenschaftlicher Sicht (im luftleeren Raum also) notwendig wäre. Zur Suche nach tragfähigen Lösungen für die Entknüpfung von fossiler Energie und wirtschaftlich-sozialer Entwicklung in demokratischen Staaten können Klimaforscher absolut nichts beitragen.

Wenn man wissen will, was die deutsche Politik gemäß dem herrschenden ökonomischen Dogma machen wird, muss man nur zur Kenntnis nehmen, wie quer durch die Republik eine Politik gegen den Klimawandel diskutiert wird. Man schlägt, wie in der *Frankfurter Allgemeinen Zeitung* sehr schön beschrieben,[4] nach dem Zufallsprinzip ein ungeheures Sammelsurium von Bereichen vor, die gemixt werden mit einem Sammelsurium von möglichen politischen Eingriffen, die wiederum gemischt werden mit einem Sammelsurium von Zeiträumen, in denen die Maßnahmen wirksam werden sollen. Genau so wird die Politik agieren. Schon das beschlossene Vorgehen, nämlich Ministerium für Ministerium Maßnahmen vorschlagen zu lassen, zeigt, dass die Reise in die große Unübersichtlichkeit geht.

Herauskommen wird eine wilde Mischung aus Anreizen, Verteuerungen, ordnungsrechtlichen Eingriffen, Subventionen und öffentlichen Investitionen. Der Effekt auf die globalen Emissionen von CO_2, das kann man heute schon exakt vorhersagen, wird gleich null sein. Das macht aber nichts. Die deutsche Politik wird sagen, sie habe das getan, was in ihrer Macht stand, und wenn sich in fünf Jahren herausstellt, dass es nichts gebracht hat, wer holt dann Frau Merkel aus der Uckermark und zieht sie zur Verantwortung?

Man wird sich bei dem absehbaren Scheitern damit trösten, dass man immerhin Vorbild sein wollte für die Länder, die partout nichts unternehmen, obwohl sie die Pariser Erklärung unterschrieben haben. Deutschland, das Anti-Vorbild in allen wirtschaftlichen Fragen, als wirkliches Vorbild bei der Ökologie, das wäre doch ein schöner Ausgleich für den Schaden, den man mit seinem blinden Merkantilismus auf der Welt angerichtet hat.

Greta Thunberg hat auch in diesem Jahr in Davos davon gesprochen, dass jetzt ein globaler Aufbruch notwendig sei, der den Durchbruch bringen werde. Jetzt, sagt sie und sagen ihre Mitstreiter, gehe es gemeinsam gegen den größten Feind der Menschheit, jetzt müssten wir nur noch – wie es sich der *Spiegel* erträumt[5] – den trägen, von uns selbst aus Versehen geschaffenen dummen und zugleich unnützen Golem (des fossilen Energieverbrauchs) besiegen, werde alles gut.

Das ist, es tut mir leid, es so brutal sagen zu müssen: Spinnerei. Der Golem war weder unnütz, noch ist er aus Versehen geschaffen worden. Fossile Energie war bis jetzt unabdingbar für die wirtschaftliche Entwicklung der Menschheit. Ohne billige fossile Energie wäre Entwicklung zwar möglich gewesen, sie wäre aber vermutlich viel langsamer verlaufen. Doch diese Frage ist nicht einmal wichtig, wichtig ist nur, dass die Entwicklung so verlaufen ist und nun die (scheinbar) unverbrüchliche Verknüpfung zwischen unserem Lebensstandard und dem Verbrauch fossiler Energieträger gegeben ist.

Knoten kann man lösen, Verknüpfungen kann man aufknüpfen, die Frage ist nur wie und in welcher Zeit. Wer einen Knoten löst, kann leicht sein blaues Wunder erleben, weil das, was er retten will, vielleicht abstürzt. Bezüglich der Frage, wie man einen solchen Knoten löst, gibt es in einer Marktwirtschaft und auf globaler Ebene nur eine Antwort: Der Preis für fossile Energieträger muss von nun an in realer Rechnung (also in Relation zum Durchschnittseinkommen der Bevölkerung) dauernd steigen. Wobei »dauernd« unbedingt ernst gemeint sein muss, weder helfen einmalige Preiserhöhungen noch solche Preisschwankungen, die Wirtschaft und Gesellschaft überfordern und von der Politik immer wieder korrigiert werden müssen.

Wohlgemerkt, das ist die notwendige Bedingung, nämlich die Garantie, dass auf Dauer die fossilen Rohstoffe in der Erde bleiben. Die Welt braucht, nimmt man die Klimaziele ernst, eine von der Politik geplante, veranstaltete und schließlich ohne Kompromisse durchgesetzte Verringerung der Produktion der fossilen Rohstoffe. Doch genau darüber redet niemand.

Notwendig für eine erfolgreiche Wende hin zu einer nichtfossilen Wirtschaft ist sicher noch viel mehr. Man braucht unbedingt massive öffentliche Investitionen, Eingriffe über das

Ordnungsrecht, vielleicht auch Verbote und sicher auch zusätzliche Anreize, die von Land zu Land unterschiedlich sind. Aber das alles kann nur funktionieren, wenn die Preisbedingung immer und jederzeit **und vor allem global** erfüllt ist. Alle politischen Anstrengungen in der ganzen Welt müssen sich zunächst darauf richten, mit den Produzenten der fossilen Rohstoffe eine Vereinbarung zustande zu bringen, die im Zeitablauf dafür sorgt, dass immer weniger von diesen Rohstoffen gefördert werden (deren Angebot also verknappt wird), sodass die von den Staaten vereinbarten und vorgegebenen Preiserhöhungen ökonomisch fundiert werden.

Zu glauben, man könne mit unzähligen kleinen nationalen Maßnahmen diese eine große globale Maßnahme ersetzen, ist mehr als naiv. Solange Öl, Kohle und Gas auf Teufel komm raus gefördert werden und so billig sind wie derzeit, werden sie auch verbrannt. Politisch wird man nirgendwo den Verzicht auf die fossilen Rohstoffe durchsetzen können, wenn die weiter spottbillig sind (in realer Rechnung sind sie, wie oben schon erwähnt, heute in Deutschland so billig wie Anfang der Siebzigerjahre, in den USA ebenfalls, allerdings auf der Hälfte des deutschen Niveaus!). Globale Vereinbarungen wie das Pariser Abkommen werden von den meisten Ländern nur als bloße Absichtserklärungen angesehen und verschwinden sofort in der Schublade, wenn die Regierungen glauben, dass die wirtschaftlichen Möglichkeiten zur Entwicklung durch billige fossile Rohstoffe gefördert werden könnten.

Bleibt die Frage, in welcher Zeit man den Knoten lösen könnte, wenn man wirklich den politischen Willen dazu hätte. Darauf gibt es keine einfache Antwort. Die Antwort hängt von der Fähigkeit der Welt (der Staatengemeinschaft) ab, erfolgreiche Wirtschaftspolitik zu betreiben. Die Entknüpfung von wirtschaftlicher Entwicklung und CO_2-Emissionen bedeutet Strukturwandel. Das ist im Prinzip unproblematisch, weil dabei ja nur bestehende Arbeitsplätze durch neue Arbeitsplätze ersetzt werden. Keineswegs entsteht durch diesen Strukturwandel, wie es der Mainstream der Volkswirtschaftslehre immer noch unterstellt (so der Sachverständigenrat zur Begutachtung der gesamtwirtschaftlichen Entwicklung etwa auf der Basis von »Berechnungen« mit einem makroökonomischen Gleichgewichtsmodell[6]), per saldo Arbeitslosigkeit. Wenn sich neue Produktionsverfahren durchsetzen und alte entfallen, hat das mit dem Niveau der Arbeitslosigkeit nichts zu tun (vergleiche dazu das Buch *Das Ende der Massenarbeitslosigkeit* von Friederike Spiecker und mir[7]).

Doch Strukturwandel (und insbesondere durch den Staat hervorgerufener Strukturwandel) wird von der Bevölkerung nur akzeptiert (und in demokratischen Wahlen gutgeheißen), wenn er erstens nicht zu schnell verläuft und zweitens wirklich gewährleistet ist, dass man sehr rasch und auch in räumlicher Nähe einen neuen Arbeitsplatz bekommt, falls der eigene entfällt. Drittens müssen die finanziellen Belastungen durch die teurer werdende Energie so verteilt werden, dass sich große Bevölkerungsgruppen nicht über den Tisch gezogen fühlen.

Ersteres bedeutet, dass man die geistige und soziale Mobilität der Bevölkerung nicht überfordern darf. Nur das, was von der Mehrheit als akzeptables Tempo des Strukturwandels im Hinblick auf den eigenen Job und den Ort, an dem man wohnt und arbeitet, hingenommen wird, kann die Politik durchsetzen. Dieses Tempo kann man durch öffentliche Appelle und Aufklärung in Sachen Klimawandel ohne Zweifel positiv beeinflussen, aber sicher nicht beliebig.

Die zweite Bedingung zu erfüllen, nämlich für eine jederzeit ausreichende Zahl an Arbeitsplätzen an den richtigen Orten zu sorgen, ist viel schwerer. Die Wirtschaftspolitik müsste, um das zu schaffen, über viele Jahrzehnte Vollbeschäftigung gewährleisten. Nur bei andauernder und erfolgreicher Vollbeschäftigungspolitik wird man der Bevölkerung klarmachen können, dass der vom Staat auferlegte Strukturwandel nicht nur aus ökologischen Gründen notwendig, sondern auch im Hinblick auf die wirtschaftliche Entwicklung und die damit einhergehenden Anforderungen an den Einzelnen erträglich ist. Diese Aufgabe wird allerdings dramatisch erschwert, wenn man gleichzeitig aus ökologischen Gründen versucht, die Mobilität der Masse der Menschen deutlich zu begrenzen.

Wirtschaftspolitischer Dilettantismus

Vollbeschäftigungspolitik ist jedoch, um es gelinde auszudrücken, nicht die Spezialität der Wirtschaftspolitik in dieser Welt. Weder in den Industrieländern noch in den meisten Entwicklungsländern ist es in den vergangenen fünfzig Jahren gelungen (China ist die große Ausnahme), sich diesem Ziel auch nur anzunähern. Europa ist hier mit Abstand der größte Versager.[8] Wenn es nicht gelingt, völlig neue Konzepte der Wirtschaftspolitik umzusetzen, die auf einer realistischen Theorie der wirtschaftlichen Entwicklung beruhen, wird der Strukturwandel, der notwendig ist, um die Klimaziele beispielsweise über hundert Jahre zu erreichen, in einer kritischen Zahl von Volkswirtschaften niemals eine politische Mehrheit bekommen.

Das Paradox ist, dass man, um erfolgreich zu sein, große makroökonomische Dynamik (nicht plattes Wachstum im herkömmlichen Sinne) verbinden muss mit der Aufforderung an die Masse der Menschen, die Chancen zu nutzen, die sich wegen der wirtschaftlichen Dynamik bieten, und nicht mit Gewalt festzuhalten an überkommenen Arbeitsplätzen und Konsummustern. Bleibt man in Sachen Vollbeschäftigung weit hinter den Möglichkeiten zurück, wird es auch mit dem Strukturwandel nichts werden. Zu sagen, wie das Ulrike Herrmann gerade wieder getan hat, eine wirtschaftliche Rezession sei eine Chance,[9] weil sie die Möglichkeit biete, die Wirtschaft endlich real schrumpfen zu lassen, ist unverantwortlich. Das ist ja nichts anderes als die Aussage, nur wenn die Menschheit für viele Jahrzehnte bewusst auf die Erhöhung der Arbeitslosigkeit setze, könne sie überleben. Wer so etwas vertritt, wird erleben, dass in vielen Ländern Ableger von Donald Trump an die Macht kommen, die als Anwälte genau **der** Gruppen auftreten, die von den Ökologen sozial über Bord geworfen werden.

Es ist kein Zufall, dass man sich in dem Land, das wirtschaftspolitisch am weitesten hinter dem Mond agiert, auch bei der Klimapolitik nur an viele Einzelmaßnahmen heranwagt, die niemandem wehtun sollen. Kleinteilige Politik ist in Deutschland Programm. Sie ist nicht, wie die *Süddeutsche Zeitung* meint, »Feigheit vor dem Volk«[10], sondern Ausdruck des festen Glaubens der Politiker und des ökonomischen Mainstreams, die gesamte Wirtschaft werde über viele kleine und kleinste Maßnahmen gesteuert.

Die große Mehrheit der Politiker kann die makroökonomische Entwicklung nicht unterscheiden von dem darin eingelagerten Strukturwandel, sondern glaubt fest daran, die

Wirtschaft entwickle sich gut oder schlecht, weil die Masse aller kleinen Maßnahmen, die von der Politik in Angriff genommen werden, gut oder eben schlecht sei. Nur so kann man erklären, dass Frau Kramp-Karrenbauer glaubt, man müsse angesichts der Konjunkturschwäche der deutschen Wirtschaft den Bürokratieabbau vorantreiben. Auch die Grünen, die so gern von grünem Wachstum träumen, haben kein makroökonomisches Konzept, mit dem sie die Auswirkungen des Strukturwandels abfedern können.

Wenn Europa unter der geistigen Führung Deutschlands weiterhin Dilettantismus in der Wirtschaftspolitik mit einer unüberschaubaren Vielzahl von Klein- und Kleinstmaßnahmen zum Klimawandel verbindet, ist der Zeitpunkt nicht fern, an dem in wichtigen Ländern Parteien an die Macht kommen, die den Klimadruck vollständig leugnen oder ihn bewusst in eine hintere Reihe drängen. Leider ist von der Europäischen Kommission unter Ursula von der Leyen nicht zu erwarten, dass sie diesem Dilettantismus außer großen Worten etwas entgegenstellt.

Degrowth und Bescheidenheit

Geht es nicht auch ganz anders? Kann man nicht einfach für Bescheidenheit werben, für Zufriedenheit mit dem Erreichten und alles wird gut? Degrowth, ein Zurück zu den Ursprüngen, wird gepredigt und von vielen Gutmeinenden absolut ernst genommen. Man müsse insbesondere in den Industrieländern zufrieden sein mit dem, was man erreicht hat, man müsse umverteilen von Reich zu Arm und insgesamt bescheiden werden, weil die eine Erde einfach nicht mehr hergebe.

Das klingt für Menschen mit gehobenem Einkommen sympathisch und vernünftig, es hat aber noch niemand gezeigt, dass sich daraus ein politisches Programm zimmern lässt, mit dem man Mehrheiten erzielen kann. Doch nur darum geht es. Dass sich kleine Gruppen von Menschen zusammenschließen und nach ihren Maßstäben vernünftig leben, ist vollkommen in Ordnung. Doch daraus wird genauso wenig mit irgendeiner Automatik etwas Großes, was den Ansprüchen des globalen Klimawandels genügt, wie aus dem »Vorbild« eines Landes eine globale Bewegung wird. Um Mehrheiten zu erzielen, mit denen man den von Menschen gemachten Klimawandel aktiv bekämpfen kann, muss man offensichtlich attraktivere Angebote machen.

Man muss insbesondere den Bürgern in den Entwicklungs- und Schwellenländern zunächst zeigen, dass man ihre normalen wirtschaftlichen Probleme, die mit Armut, Arbeitslosigkeit und Zukunftsangst zu tun haben und heute unlösbar erscheinen, lösen kann. Danach muss man versuchen, sie davon zu überzeugen, dass die neu gewonnene Zuversicht auch dafür genutzt werden muss, den Planeten in vieler Hinsicht bewohnbar und auch lebenswert zu halten. Solange jedoch die Industrieländer den Entwicklungsländern dummen und dumpfen Liberalismus predigen, braucht man über den Rest gar nicht nachzudenken.

Der Roboter, die Arbeitsplätze und die Grundbedürfnisse

Wenn man wissen will, ob die Menschheit es jemals schaffen kann, ein intellektuell im Grunde wenig anspruchsvolles ökonomisches Problem wie die Bewältigung des Klimawandels zu lösen, muss man sich nur die neu entbrannte Debatte um die Roboter anschauen. Man glaubt, dass viele Menschen keine Beschäftigung mehr finden, weil die Roboter sie arbeitslos machen. Sie verlören dann ihre wichtigste Einkommensquelle und könnten die Produkte und Dienstleistungen nicht mehr konsumieren, die von der digitalen Wirtschaft hervorgebracht werden. Von welchem Geld, fragt man sich landauf, landab, sollten sie diese Produkte bezahlen?

Ja, von welchem Geld (gemeint ist eigentlich Einkommen)? Genauso hat man auch schon vor mehr als 200 Jahren gefragt. Wie groß ist der geistige Fortschritt? Exakt gleich null! Regelmäßig dämmert es den Autoren solcher Artikel an der Stelle, dass man es eigentlich nicht ganz so schlimm darstellen kann, weil ja sonst die halbe Menschheit ständig arbeitslos wäre.

Wenn man also wüsste, warum es bisher gut gegangen ist, könnte man auch klar sagen, ob es diesmal anders ist. Aber das kann (oder will) man ja nicht wissen und deswegen muss man düstere Drohungen aussprechen, die immer darauf hinauslaufen zu sagen: »Du Arbeiter, du musst dich jetzt mal ganz schön kleinmachen und die Klappe halten, weil du sonst wie nix wegrationalisiert wirst. Jetzt wird es so sein, dass sie nicht nur deine Hände (und deinen starken Arm) nicht mehr brauchen, sondern jetzt brauchen sie auch dein bisschen Verstand nicht mehr.«

Dass man den Dreiklang von Produktivitätssteigerungen (durch die Technik induziert), von Reallohnzuwächsen (entweder durch die Produktivität infolge von Preissenkungen induziert oder ausgehandelt) und der Veränderung der Beschäftigung von Arbeit (als Funktion der Nachfrage der Arbeiter) nicht in eine logische Reihenfolge kriegt, zeugt von extremer intellektueller Armut der Ökonomen und der selbsternannten Philosophen, die mit ihren Doomsday-Szenarien viel Geld verdienen. Es ist eine unglaublich perfide Methode, die Arbeiter seit 200 Jahren in einer geistigen Dunkelkammer einzusperren.

Mehr als erstaunlich ist, dass sich auch linke Theoretiker bemühen, der intellektuellen Armut der Rechten nicht nachzustehen. Hier konstruiert man, um der »Bedrohung« durch die Roboter zu begegnen, »Grundbedürfnisse« des Menschen, nach deren Befriedigung der Bürger vollkommen zufrieden ist, die Erwerbsarbeit aufgeben und im Marx'schen Sinne seinen Hobbys (morgens zu jagen, mittags zu fischen, abends Viehzucht zu treiben, nach dem Essen zu kritisieren) nachgehen kann.

Man muss sich das etwa so vorstellen: Beim Erreichen der heutigen Entwicklungsstufe der Wirtschaft werden von einer demokratisch gewählten Kommission die »Grundbedürfnisse« des Menschen festgestellt. Auf der Basis der Empfehlungen dieser Kommission wird die Ausstattung mit Gütern und Dienstleistungen genau bestimmt. Jenseits von Essen und Trinken wird das Grundbedürfnis nach Mobilität durch einen VW-Käfer mit der Ausstattung der Fünfzigerjahre befriedigt, das Grundbedürfnis nach Urlaub durch einen einwöchigen Urlaub im Schwarzwald oder an der Nordsee und das Grundbedürfnis nach Kommunikation durch ein schönes schwarzes Festnetztelefon mit genau 1,50 Metern Schnurlänge. Weil die heutige Wirtschaft diese Grundbedürfnisse für die gesamte Bevölkerung mit einer Arbeitszeit von durchschnittlich zehn Wochenstunden erledigen kann, hat der Arbeiter nach den zehn Stunden Arbeit in der Woche frei und kann jagen, fischen und kritisieren.

So geht das, wenn man Bedürfnisse und Nachfrage verwechselt. Bedürfnis ist in einer Marktwirtschaft nichts, Nachfrage ist alles. Ganz gleich, wie reich eine Gesellschaft geworden ist, man kann niemals ein Stück aus dem gegenwärtigen Stand der Produktion und der Nachfrage herausschneiden und für »ausreichend« oder »befriedigend« erklären. Wer die Produktion auf das Niveau der Fünfzigerjahre zurücksetzt, setzt auch das Einkommen der Masse der Menschen auf das gleiche Niveau zurück, mit der Folge, dass sich alle wieder arm (und arbeitslos) fühlen würden.

Die Hoffnung, man könne auf die eine oder andere Weise die Arbeit vom Einkommen trennen, ist eine wirklich dumme Idee, eine Idee, die man nur dann haben kann, wenn man rein mikroökonomisch denkt. Das Einkommen in der Gesamtwirtschaft ist ja nur entstanden, weil die Güter, deren Produktion hinter dem Einkommen steht, nachgefragt wurden. Die konnten nur nachgefragt werden, weil die Einkommen hoch genug waren, um die Güter und Dienstleistungen zu kaufen, die von den Arbeitern in einem unauflöslichen Zusammenhang mit Maschinen produziert wurden.

Dass immer mehr und immer bessere Maschinen eingesetzt werden, die noch mehr stumpfsinnige Arbeit (wie zum Beispiel bald Lastwagenfahren) endgültig überflüssig machen, ist gut, weil es den Verkehr sicherer macht und die Möglichkeit schafft, durch das steigende Einkommen für alle, das mit der Innovation verbunden ist, die ehemaligen Lastwagenfahrer sinnvoller zu beschäftigen. Doch so weit sind wir ja gar nicht, weil die Arbeitsproduktivität derzeit fast nicht steigt.

Wenn die Masse der Beschäftigten wirklich keine höheren Einkommen mehr will, kann man auch in ganz kleinen Schritten und bei Wahrung des Niveaus der Gesamtnachfrage die Arbeitszeit verkürzen. Das ist aber keine Lösung für das Roboterproblem, sondern nur eine Hilfslösung. Lösen kann man das Roboterproblem nur durch steigende Löhne oder dadurch, dass man auf Roboter und Automation verzichtet und die stumpfsinnigsten Arbeiten noch tausend Jahre weiter verrichtet. Meine einzige Hoffnung: Dereinst werden die Roboter das Roboter-Problem intellektuell lösen, der Mensch ist offenbar unfähig dazu.

Was aus diesen Überlegungen folgt, ist leicht zu verstehen. Wer sich weiterhin im Rahmen demokratischer Systeme bewegen will, muss ökonomisch und sozial überzeugende Lösungen anbieten für die Entknüpfung von fossilem Energieverbrauch und wirtschaftlicher Entwicklung. Der Zeitraum, in dem eine solche Entknüpfung möglich ist, hängt vom Geschick und Wissen der Politik über realistische ökonomische Zusammenhänge ab. Je näher man sich an einem Pfad der Vollbeschäftigung bewegt, umso größer wird die Bereitschaft der Bevölkerung sein, den ökologisch verordneten Strukturwandel zu akzeptieren.

Aus rein naturwissenschaftlicher Sicht Panik zu verbreiten, hilft überhaupt nicht weiter. Der berühmte Kipppunkt des Klimas etwa, der jetzt mehr und mehr beschworen wird, könnte zu einem gewaltigen Bumerang werden. Wenn die Politik in Panik handelte und in einem überschaubaren Zeitraum nichts Gewaltiges passierte, wäre die Klimaforschung ein für alle Mal desavouiert.

So muss jeder bei seinem Leisten bleiben. Die Klimaforschung muss sagen, was passieren könnte, wenn nichts oder wenig geschieht. Die Ökonomen müssen der Politik sagen, wie man eine Politik der Entknüpfung von fossiler Energie und wirtschaftlicher Entwicklung so im Zeitverlauf hinbekommen kann, dass die Mehrheit der Wähler sich nicht vollends den Parteien zuwendet, die den Konflikt zwischen billiger Energie und einer zukunftsgerechten Entwicklung einfach bestreiten.

Wachstum, Wachstum über alles?

Es ist sicherlich richtig festzustellen, dass unsere gegenwärtige Art des Wirtschaftens so viele natürliche Ressourcen verbraucht, dass sie das Überleben der Menschheit infrage stellt. Dennoch ist es nicht ganz leicht, eine *ganz andere* Wirtschaftsordnung zu entwerfen, die einerseits funktionsfähig und andererseits weniger schädlich für die natürliche Welt ist. Dazu Grundbedingungen zu entwickeln, ist eine große Aufgabe.

Zunächst einmal versäumen es die Wachstumskritiker, klar zu sagen, wie sie ohne Wachstum die durch einen Wachstumseinbruch entstandene Arbeitslosigkeit beseitigen wollen. Das aber ist das heutige europäische Problem. Die Analyse der Entwicklung des Bruttoinlandsproduktes (BIP), die in Form von Konjunkturberichten regelmäßig vorgenommen wird, ist daher nicht der Tatsache geschuldet, dass die Verfasser Wachstumsfetischisten sind, sondern beruhen auf der Überlegung, dass ein nicht steigendes beziehungsweise sinkendes BIP dazu führt, dass die ohnehin schon Benachteiligten und die Arbeitslosen ohne wirtschaftliches Wachstum keine realistische Chance haben, ein auch im ökologischen Sinne vernünftiges Leben zu führen.

Das einfach als »Verteilungsfrage« zu titulieren und damit zu suggerieren, diese Frage sei ohne Weiteres politisch lösbar, ist unverantwortlich, denn dass in der heutigen politischen

Welt Verteilungsfragen nicht einfach lösbar sind, weiß eigentlich jedes Kind. Auch das darüber hinaus gehende Problem, wie man in einer Wirtschaft, die sich der Stagnation verschrieben hat, Produktivitätsgewinne realisieren und umsetzen kann, wird von den Wachstumskritikern meist beiläufig durch die Forderung nach der Umverteilung von Arbeit »gelöst«.

Wie geht man aber konkret mit dem Versuch von Menschen und Unternehmen um, das, was bisher an technischen Lösungen da ist, zu verbessern und der Masse der Menschen damit das Leben zu erleichtern? Wird es vielleicht eine Produktivitätspolizei geben, die verhindert, dass neue Technik umgesetzt wird, weil dabei unter Umständen alte Arbeitsplätze obsolet werden? Müssen die Lastwagenfahrer noch tausend Jahre lang ihre mörderischen Touren quer über den europäischen Kontinent machen, weil ja beim Einsatz von selbstfahrenden Autos womöglich Wachstum über höhere Produktivität entstünde?

Es ist auch bedauerlich, dass sich die Wachstumskritiker zumeist nicht mit der damit unmittelbar zusammenhängenden Frage auseinandersetzen, wie man potentielle Produktivitätsgewinne in die von ihnen offenbar favorisierte Arbeitszeitverkürzung umsetzt, ohne den Anreiz für die Unternehmen und alle anderen privaten Erfinder und Tüftler zu beseitigen, sich um eine Verbesserung der Produktionstechnik und der Produkte zu bemühen, und zwar ganz einfach deswegen, weil die Nachfrage fehlt. Dass das Problem nicht einfach mit dem Hinweis auf Arbeitszeitverkürzung zu umgehen ist, habe ich zusammen mit Friederike Spiecker in einer langen Reihe von Artikeln gezeigt.[11]

Ein nicht zu lösendes Problem entsteht bei Stagnation auch dann, wenn man zur Kenntnis nimmt, dass auch bei Nullwachstum viele Menschen versuchen werden, durch Sparen, also durch das Zurückhalten von Ausgaben, für die Zukunft vorzusorgen. Da muss man sich als Ökonom ganz hart entscheiden, was man für sinnvoll hält. Man kann einerseits der herrschenden ökonomischen Theorie, der Neoklassik, vertrauen, die den Trost bereithält, dass jedes Sparen automatisch über den Zins in Investition transformiert wird. Dann kann man Wachstum aber nicht ausschließen und das Ergebnis der Investitionen auch nicht einfach wegregulieren, ohne den Prozess als solchen zu zerstören.

Man kann aber auch, wie ich das für sinnvoll halte, von vorneherein bestreiten, dass es eine solche Umwandlung von Ersparnis in Investitionen gibt (weil, wie viele Male gezeigt, der Zinsmechanismus nicht funktionieren kann). Dann muss man aber Geld anderweitig in das System einführen und das macht es noch viel schwieriger, dem Wachstum oder der Entwicklung (was einfach das bessere Wort ist, weil es ja niemals um die bloße Wiederholung dessen geht, was es schon gibt) zu entkommen.

Wenn nun in einer solchen Wirtschaft regelmäßig zehn Prozent des erwartenden Einkommens von den privaten Haushalten gespart werden soll, dann muss es einen Kreditprozess geben, der dazu führt, dass trotz der regelmäßig um zehn Prozent »zu geringen« Nachfrage der privaten Haushalte so viel investiert wird, dass das Einkommen wenigstens gleich bleiben kann. Das funktioniert aber nur, und das beweist die gegenwärtige miserable Wirtschaftslage in Europa unmittelbar, wenn insgesamt die Erwartung der Unternehmen auf eine kräftige Ausweitung der Nachfrage ausgerichtet ist. Das kann es aber nur geben, wenn auch die Einkommenserwartung der privaten Haushalte positiv ist, was wiederum eine erhebliche Dynamik der wirtschaftlichen Entwicklung voraussetzt.

Wirklich schlimm wird es dann, wenn die Unternehmen insgesamt selbst zu Sparern werden. Eine solche Wirtschaft kann nur vom Staat mit seiner Kreditaufnahme vor dem Absturz bewahrt werden. Ob es ein Fortschritt ist, wenn sich einzelne Unternehmen oder die Unternehmen insgesamt eine ruhige Nische suchen, der Staat aber die gesamte Sparlast in Form von hohen Schulden zu tragen hat, mag jeder für sich beantworten. Man darf aber nicht den Eindruck erwecken, es sei selbstverständlich oder gar gut, dass Unternehmen hohe Gewinne fast ohne Risiko erzielen. Vollends unglaubwürdig wird ein solcher Standpunkt, wenn man gleichzeitig die Umverteilung von unten nach oben beklagt.

Die sozialen Folgen von Rezession, Schuldendeflation und falscher Wirtschaftspolitik kann man in vielen Ländern der Eurozone aus nächster Nähe betrachten. Die soziale Not in Ländern wie zum Beispiel Griechenland oder Spanien ist zweifellos kein Fortschritt, obwohl dort sehr erfolgreich das »gefährliche BIP« reduziert wurde. Ein Appell, die Arbeit und die Konsummöglichkeiten dort *irgendwie* anders zu verteilen, ändert an der Not der Menschen nichts. Ohne das Wirtschaftswachstum in diesen Ländern wieder anzukurbeln, ist dort eine Besserung der sozialen Lage vieler Menschen schlicht undenkbar.

II. Deutschland als Vorbild?

Ein deutsches Wunder?

»Aber gab es nicht das deutsche Energiewunder?«, werden viele fragen. »Gab es nicht schon zur Jahrhundertwende ein Land, das sich aufgerafft und viel Geld in die Hand genommen hat, um klimaneutral zu werden? Kann das deutsche Modell die Welt nicht retten?« Die Antwort ist: Nein. Richtig ist, dass man viel Geld in die Hand genommen hat. »Eine Billion Euro hat die Energiewende gekostet«, sagen Kritiker und Befürworter einhellig. Doch was heißt das?

Richtig ist zunächst, dass die Energiewende viel gekostet, aber auch viel gebracht hat. Der Verbraucher hat hohe Stromkosten stemmen müssen, aber in der Gesamtwirtschaft sind die Kosten der einen Seite immer die Erträge der anderen Seite. Unternehmen und Arbeitnehmer in den begünstigten Branchen haben auch in Höhe von einer Billion mehr Umsatz erzielt und es entstand womöglich etwas, was die Volkswirtschaft zukunftsfähiger machte. Wo ist das Problem?

Das Problem ist auch hier, dass die meisten Menschen, einschließlich der Politiker, die Marktwirtschaft, in der wir leben, einfach nicht verstehen. Da erlebte Deutschland eigentlich ein Klimaschutzwunder, nämlich die rasend schnelle

Umstellung von fossiler auf erneuerbare Energie, aber statt zu jubeln, waren fast alle erschrocken und überlegten fieberhaft, wie sie diesen Zug in Richtung Zukunft schnellstmöglich stoppen könnten.

Jenseits der Frage der Technik stand jedenfalls am Anfang eine gute Idee. Um bei der Energiewende voranzukommen, garantierte der Staat all denen, die in erneuerbare Energien investieren wollten, einen bestimmten Abnahmepreis für Strom, eine feste Einspeisevergütung. In einem solchen Fall kommt die Flexibilität der Marktwirtschaft sehr schnell zum Tragen, denn auf der Basis einer solchen Vergütung lässt sich gut rechnen. Folglich begann fast jeder, der Geld zum Investieren hatte oder es sich leihen konnte, zu überlegen, ob er nicht irgendwo ein großes Dach habe, das man mit Sonnenkollektoren bedecken könne, oder eine Wiese auf einem Hügel, auf die ein Windrad passt. So wurden im Nullkommanichts Landwirte, Eigenheimbesitzer oder Restaurantbetreiber zu Stromproduzenten. Wunderbar, Deutschland, ein Land von alternativen und zudem noch klein- und mittelständischen Stromunternehmern.

Natürlich gab es das nicht umsonst. Solange der Preis herkömmlicher Energie unter dem Preis liegt, zu dem man erneuerbare Energie erzeugen kann, muss jemand die Rechnung bezahlen. Das war hier der Stromkunde. Wer aus fossiler und atomarer Energie muss aber die Konsequenzen tragen? Man muss entweder die fossile und atomare Energie so stark verteuern, dass die erneuerbare Energie auf diese Weise wettbewerbsfähig wird, oder man muss die erneuerbare Energie direkt subventionieren. Wenn man sich an das Erste nicht rantraut, muss man das Zweite machen. Auf den Markt in Sachen richtiger und zukunftsfähiger Preisfindung zu vertrauen, ist dagegen auf keinen Fall sinnvoll, wie später zu zeigen sein wird.

Interveniert der Staat jedoch konsequent beim Preis, macht also fossile Energie relativ zu den Erneuerbaren teuer, nennt man das, was dann hinten rauskommt, Strukturwandel. Der ist ja gewollt, aber der kostet natürlich immer etwas in dem Sinne, dass die Kunden nicht mehr das Gleiche wie vorher mit ihrem Geld kaufen. Folglich verlieren zwar viele Produzenten von alten Produkten, aber viele neue Anbieter gewinnen. Dass die großen Energiekonzerne das nicht gut finden, ist klar, aber warum sollten sich Politiker darum scheren, wo sie doch alle den Mittelstand lieben und die Energiewende das größte Mittelstandsförderungsprogramm aller Zeiten war?

»Aber das sind doch Subventionen«, klagten einige Liberale. Natürlich sind das Subventionen! Ohne solche Subventionen kann es eine Energiewende nicht geben, weil ja nichts dafürspricht, dass der Markt von sich aus das Öl früh genug so teuer macht, dass die Wende rechtzeitig von allein kommt.

Man lernt, die Marktwirtschaft ist ein ungeheuer flexibles System, das auch solche Herausforderungen wie den Klimawandel leicht bewältigen könnte, wenn wir nur begreifen würden, wie sie funktioniert, und wenn wir nicht vor der Lobbymacht einzelner großer »Player« immer wieder einknicken würden. Ist der Preis für ein Produkt ausreichend stabil und gibt es vernünftige Finanzierungsbedingungen, investieren selbst solche Menschen in die Umwelt und die Zukunft, die bisher keine Unternehmer waren und sich den Teufel um die Umwelt und die zukünftigen Generationen geschert haben.

Das geht allerdings nicht ohne den Staat. Wer auch bei Gütern von allgemeinem Interesse (öffentlichen Gütern, wie die Ökonomen sagen) wie der Eindämmung des Klimawandels auf den Markt wartet, wartet bis zum Sankt-Nimmerleins-Tag, denn kaum jemand fragt alternative Energie nach, solange sie teurer als herkömmliche ist. Stimmt dagegen das Preisverhältnis von traditioneller und alternativer Energie und garantiert der Staat oder der Stromkunde durch staatlichen Druck dieses Verhältnis für einige Zeit, geht fast alles.

»Aber der arme Stromkunde und insbesondere die Armen«, stöhnen da einige, denen sonst die Armen und die Einkommensverhältnisse der Menschen vollkommen egal sind. Hier kommt ein altes Prinzip zum Tragen: Subjektförderung ist besser als Objektförderung. Es ist immer besser, die Menschen in ihren materiellen Voraussetzungen zu fördern, als in die Produktion einzugreifen, um etwas besonders billig zu machen. Wem die Armen am Herzen liegen und wer sie nicht besonders stark belasten will durch steigende Energiepreise, kann sie ja generell besserstellen, dann können sie den höheren Strompreis auch bezahlen. Um es simpel auszudrücken: Jeder Hartz IV-Empfänger soll selbst entscheiden können, ob er ein höheres Transfereinkommen für höhere Heizungskosten ausgeben will oder ob er sich lieber am Energiesparen durch veränderte Verhaltensweisen (Stoßlüften, ein Pullover mehr) aktiv beteiligt und das zusätzliche Geld für andere Konsumgüter verwendet.

Man kann Hartz IV kräftig aufstocken, die Steuern für Geringverdiener senken, einen deutlich höheren Mindestlohn einführen oder die Beiträge zur Sozialversicherung für Geringverdiener systematisch verbilligen. Statt Milliarden in der Rentenversicherung zu horten, für die man keine vernünftige Anlagemöglichkeit findet, ist es allemal besser, auf diese Weise den zukünftigen Generationen tatsächlich eine große Bürde von den Schultern zu nehmen.

Wer das ablehnt, macht sich vollkommen unglaubwürdig. Selbst wenn derjenige glaubt, dass man Anreize zur Arbeitsaufnahme durch Hartz IV – nämlich mittels eines gehörigen Abstands zu den Durchschnittseinkommen – braucht, um die Arbeitslosigkeit zu senken, ist es weder gerechtfertigt, wegen der Energiewende die Lebensverhältnisse der unteren Einkommensgruppen noch einmal zu verschlechtern, noch die Energiewende zu gefährden, weil man ja nur für einen Ausgleich der zusätzlichen Belastung bei den betroffenen Subjekten sorgen muss, um beide Klippen gleichzeitig zu vermeiden.

Von der Sache Klimawandel her absolut unangemessen ist es, die Strompreise wieder zu senken, selbst wenn das stromintensiv produzierenden Industrien oder den großen Stromkonzernen gefallen würde, die vor allem fossile und atomare Energie erzeugen. In Deutschland kann auch zunehmende Verdrängung stromintensiv produzierender Unternehmen kein Argument gegen steigende Energiepreise sein. Deutschland hat sich ja aufgrund geringer Lohnsteigerungen (die maßgeblich durch staatlichen Druck zustande kamen) in den letzten zehn Jahren gegenüber anderen Ländern gewaltige Vorteile verschafft. Da kann man ja nicht jeden anderen Bereich auch noch herausgreifen und sagen, auch da dürfen wir auf keinen Fall an Wettbewerbsfähigkeit verlieren. Deutschland muss sogar, wie viele Analysen von Friederike Spiecker und mir gezeigt haben, insgesamt über die Zeit wieder an Wettbewerbsfähigkeit verlieren.[1] Wenn das dann im Bereich stromintensiver Unternehmen stattfindet, nutzt das dem Klima zwar auf der globalen Ebene wenig, befördert aber den Abbau der massiven Handelsbilanzungleichgewichte in der Welt.

Für Länder, die insgesamt weniger wettbewerbsfähig sind, ist aber selbstverständlich die Drohung von Unternehmen, bei steigenden Energiepreisen abzuwandern, nicht von der Hand zu weisen. Daher nützt die deutsche Energiewende dem globalen Klimawandel bisher wenig bis gar nicht, weil die Markträumung durch fallende Preise im Prinzip dafür sorgt, dass der deutsche Minderverbrauch fossiler Energie durch den Mehrverbrauch an anderer Stelle ausgeglichen wird. Deswegen braucht man internationale Vereinbarungen über die Preise fossiler Energie oder alternativer Energie, wenn man wirklich etwas erreichen will bei der Verminderung der Geschwindigkeit des Klimawandels. Dass man ohne Weiteres einen globalen Strukturwandel in die richtige Richtung erreichen könnte, wenn sich die Staatengemeinschaft einig wäre, zeigt das deutsche Beispiel jedoch immerhin.

Die kritische Frage ist allerdings, ob die Technik, die von Deutschland massiv gefördert wurde, wirklich die ist, mit der man auf Dauer und global die fossilen Energieträger ersetzen kann. Denn eine Energiewende zu fördern, ist das eine, die richtige Energiewende zu finden, ist etwas ganz anderes.

Dunkelflaute

Ein stabiles Winterhoch im Jahr 2016 brachte es an den Tag: Eine Energiewende, die vor allem auf Wind und Sonne setzt, schafft ein Problem. Deutschland hat sich neu orientiert, aber es hat womöglich auf ein Pferd gesetzt, das nicht stark genug ist, um die komplexe und schwere Maschine zu ziehen, sagen die immer lauter werdenden Kritiker. Wenn das auch nur in Ansätzen stimmt, sind alle Ideen von Deutschland als internationalem Vorbild Makulatur. Kann man wirklich auf Atomkraft verzichten, aus der fossilen Energie aussteigen und den Menschen erzählen, die Stromversorgung sei auf jeden Fall gesichert?

Immer wieder im Winter tritt die Wetterkonstellation auf, die in die Geschichte eingehen könnte als der Tatbestand, der zeigte, dass die deutsche Energiewende keineswegs eine Erfolgsgeschichte war. An manchen Tagen oder Wochen ist der Output an Strom, der mit den erneuerbaren Energien Wind und Sonne erzielt wird, katastrophal niedrig. Ein stabiles Winterhoch über ganz Mitteleuropa mit viel Nebelbildung reicht aus, um die Erzählung von der erfolgreichen Energiewende auch für Laien als Märchen zu entlarven.

Das ist schlimm, weil viele Menschen große Hoffnungen in die Energiewende gesetzt hatten. Auch ich habe mir nicht vorstellen können, dass großflächig eingesetzte Solarpanel und Windräder auf fast der gesamten Fläche, einschließlich der im Meer verankerten, für einige Tage nahezu stillstehen. Die Werte für die Stromerzeugung der einzelnen Energiearten, die von Agora-Energiewende[2] ermittelt werden, zeigen im Winter immer wieder erschreckende Ergebnisse für Sonne und Wind.[3]

Zwei Zahlen-Beispiele vom 12. Dezember und vom 14. Dezember 2016. Um 15 Uhr am 12. betrug der Verbrauch insgesamt 69,0 Gigawatt (GW), davon kamen 0,7 GW von der Sonnenenergie, 1,0 vom Wind auf Land und 0,4 vom Wind auf See. Am 14. Dezember um die Mittagszeit wurden 70 GW verbraucht, 4,0 GW kamen von der Sonne, 1,0 GW Wind onshore und gut 0,3 GW Wind offshore. Wenn man das Bild von Agora-Energiewende regelmäßig anschaut, sieht man, dass sich solch extreme Flauten immer wieder über mehrere Tage hinziehen können.

Das ist fatal. In Kenntnis dieser einfachen Daten muss man kein Techniker, Energieexperte oder Naturwissenschaftler sein, um zu erkennen, dass es so nicht geht. Man muss nur seinen Verstand nehmen, die Vorurteile und Werturteile für einen Moment zurückstellen und dieses Ergebnis für zukünftige Entwicklungen hochrechnen. Nehmen wir an, bis 2030 würde das potentielle Angebot an Wind und Sonne gegenüber heute verdreifacht, sodass an Tagen mit normalen Wetterbedingungen fast die gesamte Energie aus diesen beiden Quellen bezogen werden könnte. Das ist ein extrem optimistisches Szenario und so sicherlich nicht zu erwarten, denn die Politik bremst ja beim weiteren Ausbau der erneuerbaren Energiequellen, statt ihn zu beschleunigen.

Wenn es aber 2030 eine vergleichbare Flaute gibt (ein stabiles Winterhoch ist kein Jahrhundertereignis, sondern passiert alle paar Jahre), dann kann logischerweise die dreifache Anzahl von Solarpanels und Windrädern (bei gleicher Technik) nur die dreifache Menge Strom erzeugen wie derzeit. Kein Wind und keine Sonne betreffen alle Anlagen, ganz gleich, wie viele es davon gibt. Selbst die dreifache Anzahl der Anlagen, die Wind und Sonne nutzen sollten, würde dann im Jahr 2030 – wieder sehr positiv gerechnet – höchstens zwanzig Prozent dessen erbringen, was gebraucht wird – und das unter der Voraussetzung, dass sich der Verbrauch bis 2030 nicht erhöht.

Zu erwarten ist aber genau das Umgekehrte, nämlich dass sich der Verbrauch massiv erhöht, weil der Ersatz von fossiler

Energie, also vor allem bei der Umstellung auf elektrisch betriebene Automobile, in erster Linie durch vermehrte Stromerzeugung erreicht werden soll. Eine Variante, bei der in dieser kurzen Zeit so viel Strom eingespart wird, dass der Verbrauch trotz der Umstellung weg von fossilen Energieträgern absolut deutlich sinkt, kann man getrost vernachlässigen. Dazu müsste die fossile Energie einerseits dramatisch verteuert werden, was nicht zu erwarten ist, und man müsste die dadurch entstehenden Verteilungswirkungen ausgleichen, was politisch noch weniger wahrscheinlich ist.

Dann wäre Deutschland dreißig Jahre nach Beginn der Energiewende bei einem katastrophalen Ergebnis angelangt. Die Atomkraft gibt es in Deutschland dann nicht mehr, Deutschland braucht aber trotz eines enorm ausgebauten Netzes von Windrädern und Solaranlagen bei vergleichbaren Wetterlagen eine Kapazität von mindestens fünfzig GW auf andere Weise erzeugten Stromes. Und auf andere Weise heißt nach allem, was wir bis heute wissen: Kohle, Öl und Gas, denn es wird auch bis dahin nach allem, was wir wissen, keine Speicher in einer Größenordnung geben, die groß genug wären, eine solche Lücke für mehrere Tage zu schließen.

Mit anderen Worten, man kann logischerweise nicht gleichzeitig massiv auf Wind und Sonne setzen, auf Atomkraftwerke (mit für sich genommen sehr guten Gründen) verzichten, die Versorgung mit fossiler Energie deutlich herunterfahren und den Menschen erzählen, die Stromversorgung in der Zukunft sei auf jeden Fall gesichert. Man muss sich nur das kurze Papier in Ruhe anschauen, das einige Heidelberger Physiker als Stellungnahme angegeben haben.[4] Darin wird klar beschrieben, dass fast dreißig Jahre nach Beginn der deutschen Energiewende von einer wirklichen Umstellung der Gesellschaft auf erneuerbare Energien nicht die Rede sein kann und wie weit die tatsächliche Leistung der erneuerbaren Energieträger von dem abweicht, was in der Öffentlichkeit als deren Beitrag angesehen wird.

Auch ein Papier der sieben Unternehmen, die in Deutschland für das Stromnetz verantwortlich sind,[5] muss eigentlich alle Alarmglocken schrillen lassen. Dort wird in großer Klarheit ausgeführt, dass Windenergie gerade nicht dazu geeignet ist, in einem hochentwickelten Industrieland einen Blackout zu verhindern. Auf Seite elf stellt der Bericht der Windenergie ein verheerendes Zeugnis aus:

> »Es zeigt sich, dass die eingespeiste Leistung für 1% der Zeit unter 1% der installierten Leistung liegt. In historischen Betrachtungen hat sich gezeigt, dass sich auch bei einer Beschränkung der Betrachtung auf die Wintermonate keine signifikanten Änderungen dieses Ergebnisses ergeben.«[6]

Ein Prozent der Zeit sind drei Tage pro Jahr, was heißt, dass man für die Zeit der Dunkelflauten, bei denen auch die Sonnenenergie weitgehend ausfällt, gewaltige Reserven an herkömmlichen Kraftwerken braucht, die schnell hochgefahren werden müssen. Speicher, die solche Lücken füllen können, sind nirgendwo auch nur am Horizont erkennbar.

Es ist angesichts dessen unverantwortlich, den Bürgern einzureden, man könnte einfach mal die Kohlekraftwerke abschalten oder den »Verbrenner« verbieten, wie das in grünen Kreisen so ungeheuer gerne getan wird. Auch die Idee, es könnte eine schnelle Umstellung auf nur noch elektrisch betriebene Autos geben, ist vollkommen illusorisch. Dass man den Ausbau der Windenergie zu einem Zeitpunkt drastisch gebremst hat (2019 sind weniger Räder ans Netz gegangen als in allen Jahren vorher), wo man mehr denn je über die vollständige Dekarbonisierung spricht, zeigt vermutlich, dass die Politik ahnt, dass Sonne und Wind keine Pfeiler sind, auf denen man ein nachhaltiges und stabiles Energiesystem aufbauen kann. Es wäre ihre Pflicht, die breite Öffentlichkeit darüber zu informieren, statt insgeheim Bremsmanöver zu veranstalten.

Am Beispiel Energiewende zeigt sich leider wieder einmal, dass die traditionelle Politik in unseren Demokratien mit der Lösung solch komplexer Probleme heillos überfordert ist. Folglich tut sie das, was man Symbolpolitik nennen kann: Sie macht irgendetwas, was vermeintlich in die richtige Richtung zeigt, ohne es zu Ende zu denken und ohne die systembedingten Folgerungen auch nur zur Kenntnis zu nehmen. Geht es schief, waren die politischen Vorgänger schuld und niemand fühlt sich verantwortlich.

Genau deswegen müssen die Bürger wachsam und kritisch bleiben. Man kann sich vieles wünschen und immer auf ein gutes Ende hoffen. Doch so wichtig Wünsche und Hoffnungen auch sind, sie sind noch keine Lösungen. Wir müssen auch da unseren Verstand einsetzen, wo wir ihn am liebsten ausschalten würden, weil die Ergebnisse des Nachdenkens deprimierend sind.

Klimaleugner und Heuchler

Auch beim Klima hat Donald Trump der Welt die Gelegenheit gegeben, sich an ihm abzureagieren. Der Präsident hat die

USA tatsächlich aus dem Pariser Klimaabkommen hinausgeführt. Trump hat sich damit in die Reihe der Klimawandel- oder Umweltschutz-Phobiker eingereiht, die glauben, dass ein Umstieg auf eine ökologisch verantwortbare Produktionsweise »Jobs koste« oder Einkommen in Form eines verminderten BIP-Wachstums.

Doch machen wir uns nichts vor, hier ist Trump mit seiner Uralt-Argumentation wirklich nicht allein. Alle, die von »strukturellen Verhärtungen am Arbeitsmarkt« reden, die einen Abbau der Arbeitslosigkeit verhinderten, machen diesen Fehler. Jeder, der von Robotisierung oder Digitalisierung der Wirtschaft warnt und damit den Verlust von Millionen von Jobs kommen sieht, macht exakt den gleichen Fehler, den Trump macht, nämlich einen einzelwirtschaftlichen Effekt einfach auf die Gesamtwirtschaft hochzurechnen. Arbeitslosigkeit entsteht jedoch immer nur, wenn von der Wirtschaftspolitik auf der Nachfrageseite der Volkswirtschaft entscheidende Fehler gemacht werden, nicht dadurch, dass eine Produktion durch eine andere ersetzt wird. Würden das alle, einschließlich der Bundesregierung, kapieren, wären die Eurokrise und die Arbeitslosigkeit in Europa längst überwunden.

Trump unterschätzt auch in nur extrem naiv zu nennender Weise die Möglichkeiten, einen neuen »Deal« zu machen, also vor allem den Entwicklungsländern China und Indien größere Lasten aufzubürden. Erst das Eingeständnis des Nordens, dass er wegen seiner über Jahrhunderte die Umwelt und das Klima belastenden Produktionsweise eine besondere Verantwortung trägt und dafür etwas zu zahlen bereit ist, hat die Entwicklungsländer bewogen, den Pariser Vertrag mitzutragen. Diesen Konsens als reiches Land aufzukündigen, mit der Hoffnung, man könne beim nächsten Mal einen besseren Deal machen, zeigt einmal mehr nur, dass Trump Politik mit deal-making verwechselt und keinerlei Verständnis dafür hat, dass es hier nicht nur um das einfache Aushandeln von vermeintlichen Vorteilen und Nachteilen aus heutiger Sicht geht.

Das alles ist schlimm, doch kein Grund zur Überheblichkeit. Noch weniger sind moralische Höhenflüge angebracht, bei denen wir uns wieder einmal als die überlegene und damit als die einzige zum Führen der Welt geeignete Nation feiern. Die Energiewende jedenfalls taugt weder als Beweis für moralische noch für technische Überlegenheit, weil auch Deutschland vom Erreichen des einmal festgesetzten Klimaziels weit entfernt ist. Zwar sind die CO_2-Emissionen in den vergangenen Jahren nicht weiter gestiegen, aber von einem durchgreifenden Fortschritt kann trotz der so gerne gefeierten Energiewende nicht die Rede sein. Noch immer stammt der größte Schritt hin zur absoluten Reduktion dieser Emissionen vom Abbau der industriellen Produktion in der DDR, den sich Deutschland (durch die Festlegung des Beginns der Rechnungen mit dem Jahre 1990) in sehr geschickter Weise hat anrechnen lassen. Übrigens sind auch in den USA, dort ohne gewaltige Energiewende, die CO_2-Emissionen in den letzten Jahren nicht weiter gestiegen. Man muss wohl den Zusammenhang zwischen CO_2-Emissionen und konjunktureller, insbesondere industrieller Entwicklung genauer untersuchen.

Zudem ist die deutsche Energiewende derzeit nicht machbar ohne fossile Kraftwerkskapazitäten als Reservekapazität, was wiederum impliziert, dass eine globale Energiewende nach deutschem Vorbild gar nicht möglich wäre. Global kann man nicht einfach auf den Markt und die Logistik der fossilen Energieträger als Reserve zurückgreifen, wenn man vorher voll auf erneuerbare Energieträger gesetzt und damit den Markt und die Infrastruktur für fossile Energie drastisch abgebaut hat. Einiges spricht offenbar auch dafür, dass selbst die Einhaltung des Pariser Abkommens durch alle Nationen an der Verfehlung des Zwei-Prozent-Zieles nur wenig ändern würde.[7]

Entscheidend für das Heucheln der Nationen, die am Pariser Abkommen festhalten, ist aber die unbestreitbare Tatsache, dass sie nicht bereit sind, wirklich drastische und nachhaltige Maßnahmen zu ergreifen, um die Einsparung fossiler Energie voranzubringen. Dass seit Dezember 2015 inzwischen vier Jahre vergangen sind, ohne dass die westliche Welt mit den wichtigsten Produzenten von Öl, Kohle und Gas in Verhandlungen darüber eingetreten ist, unter welchen Bedingungen die Produzenten bereit sind, die fossilen Energieträger in der Erde zu lassen, zeigt besser als alles andere, dass kaum ein Land es wirklich ernst meint mit dem Ende der fossilen Wirtschaft.

Wie schon einige Male hervorgehoben, politisch lässt sich eine Energiewende in den meisten Demokratien ohnehin nur durchsetzen und rechtfertigen, wenn man bereit wäre, die ärmeren Bevölkerungsschichten durch eine wirklich großzügige Sozialpolitik davor zu schützen, zu den Hauptleidtragenden einer solchen Strategie zu werden.

Wenn Trump jetzt auch global jeden Vorteil für diejenigen ablehnt, die am wenigsten verantwortlich sind für die Verbrennung fossiler Energie in den letzten hundert Jahren, nimmt er nur den Gedanken auf, den die übrigen Industrieländer im Innern konsequent anwenden. Alles für den Schutz der eigenen Industrie, nichts für diejenigen, die die Rechnung zu bezahlen haben, ohne vorher an den enormen Gewinnen beteiligt gewesen zu sein.

Müssen sich Windräder dem Markt stellen?

Eine weitere, kaum zu überwindende Konfusion betrifft die Rolle des Marktes bei einer Umstellung auf ökologisch vertretbare Entwicklung. In einem Interview mit dem Handelsblatt haben zwei deutsche Top-Manager Änderungen in der Förderungspolitik für erneuerbare Energien gefordert.[8] Löscher und Teyssen (Siemens und EON) kritisieren die starke Subventionierung der Photovoltaik. Diese profitiere am stärksten von der Förderung, liefere aber nur einen geringen Beitrag zur Grundlast. »Wir brauchen mehr Markt, Regulierung nur da, wo sie notwendig ist, und deutlich mehr Energieeffizienz«, sagte Löscher. Beide Top-Manager fordern eine Radikalreform der auf dem Erneuerbare-Energien-Gesetz beruhenden Förderungsmaßnahmen: »Die Erneuerbaren Energien müssen sich dem Markt stellen«, betonte Löscher. »Man muss einen Schnitt machen und sagen: Die Musik ist aus«, sagte Teyssen.

Man fragt sich, was diese »Konzernlenker« außer ihrem eigenen Interesse im Kopf haben. Wie sollen sich »erneuerbare Energien dem Markt stellen«? Sie sind doch gerade dazu da, den Markt zu korrigieren. Weil der Markt keine erneuerbaren Energiequellen hervorgebracht hat, musste der Staat eingreifen und diesen Energieerzeugungsformen eine Chance geben. Dass er das mit einem Eingriff in den Markt tut, ist selbstverständlich, wie sonst? Und wieso sollte die Musik aus sein? Jeder vernünftige Mensch denkt, sie hat gerade begonnen zu spielen und sie muss noch viel länger und vor allem weiter ausgreifend spielen, damit nicht nur Deutschland, sondern die gesamte Welt einen Schritt weg macht von dem primitiven Verbrennen von unwiederbringlichen Ressourcen.

Wie macht man den Schnitt schließlich bei all den kleinen und mittleren Investoren in erneuerbare Energien, die vom Staat ein gesetzlich fixiertes Versprechen bekommen haben, dass sie nicht plötzlich in ein tiefes Loch fallen, weil die Musik aufhört zu spielen? Geht das in der Art des griechischen Schuldenschnitts, bei dem man ohne Rücksicht auf die Gläubiger die Schulden beschnitten hat, nur um hinterher die Gläubiger zu retten?

Wenn alles Klimawandel ist, ist Klimawandel nichts mehr

Ich weiß, es ist schwer in dieser geschwätzigen und oberflächlichen Welt die Ruhe zu bewahren. Ich weiß, man traut sich fast nicht mehr, seinen eigenen Verstand einzusetzen, weil man tagein, tagaus von Medien und Internet von einer Informationsflut überschwemmt wird, in der uns »Experten« auf allen Gebieten erklären, was wir zu glauben haben. Besonders schlimm ist es mit dem Klimawandel.

Naive Menschen wie ich haben geglaubt, dass ein relativ normales Jahr wie 2019 die Gemüter etwas beruhigen würde. Nach einem kühlen Frühling mit Schnee bis in den Mai gab es wiederum einen warmen Sommer, aber auch einen feuchten, sehr normalen Herbst. 2019 war bei Weitem nicht so trocken wie 2018 und der Herbst war zumindest im Süden Mitteleuropas sogar ausgesprochen nass, was eigentlich nicht zu den Vorhersagen großer und andauernder Trockenheit »wegen des Klimawandels« passt.

Doch wie das Wetter auch sein mag, es ist, glaubt man unseren Leitmedien, immer und unmittelbar vom Klimawandel geprägt. So etwas Profanes wie Wetter gibt es nämlich nicht mehr. Alles ist Klimawandel. Ob es viel regnet oder wenig, ob es warm ist oder kalt, ob es nicht schneit oder viel schneit, alles ist Klimawandel. Was auch immer passiert, das gute alte Wetter ist ein für alle Mal tot. Für jede Kapriole, die wir uns früher getraut hätten, »Wetterkapriole« zu nennen, gibt es sofort einen oder mehrere Experten, die uns klarmachen, dass jetzt alles, was passiert, mit dem Klimawandel zu tun hat. Und wenn man zufälligerweise einmal keinen Experten zur Hand hat, dann kann man sicher sein, dass jeder Journalist, der etwas auf sich hält, die Rolle des Experten mit ebenso sicherer Expertise übernimmt.

Es ist jedoch höchst bedauerlich, dass das Wetter so schnell von uns gegangen ist, weil es, ohne dass wir es wirklich zur Kenntnis nahmen, eine wichtige Funktion in unserem Leben hatte. Die muss jetzt wohl oder übel der Klimawandel übernehmen. Doch wer sich darüber freut, weil damit doch vermutlich größeres Bewusstsein bei der Masse der Bevölkerung für die »größte Herausforderung der Menschheit« verbunden sein wird, der täuscht sich ganz ungeheuer.

Mit dem Wetter verbinden die meisten Menschen einfache Verhaltensweisen, die sie über die Jahrtausende gelernt haben. »Am Wetter kann man sowieso nichts ändern«, sagt man und passt sich an. »Es gibt kein schlechtes Wetter, sondern nur schlechte Kleidung«, ist die typische und vernünftige Reaktion auf ein Phänomen, das gerade in den nördlichen Klimazonen einfach zum Leben gehört und dem man vernünftigerweise mit stoischer Ruhe und mit der denkbar einfachsten Art der Anpassung begegnet. Am Wetter konnte man sich auch wunderbar abreagieren, wenn man sonst niemanden fand, der für einen schlechten Tag verantwortlich gemacht werden konnte.

Man muss sich die Zukunft so vorstellen, dass an die Stelle des Wetters einfach der Klimawandel tritt. »Am Klimawandel kann man sowieso nichts ändern«, wird es heißen, oder man wird sagen: »Es gibt keinen schädlichen Klimawandel, sondern nur schlechte Kleidung und schlechte Lebensweisen.« Bei erträglichen Temperaturen und Sonnenschein wird man sich auf der Straße zurufen: »Prima Klimawandel heute!« Und Urlaub wird man nicht da machen, wo das Wetter am schönsten ist, sondern da, wo man den Klimawandel besonders gut ertragen kann, also auf Island beispielsweise. Wenn es einem schlecht geht, wird man »Scheiß Klimawandel!« fluchen und sich besser fühlen.

Auf Französisch heißt Wetter »le temps«. »Le temps« heißt aber auch »Zeit« oder »Zeitläufe«. Das bringt es wunderbar auf den Punkt: Wetter ist wie die Zeit und es ist unverbrüchlich verbunden mit der Zeit. Klimawandel wird man in der schönen neuen Welt wie Zeitenwandel ansehen, unabänderlich und vielleicht auch unbarmherzig, den Menschen nur die Chance lassend, sich an das Unabänderliche anzupassen.

Klimawandel wird in Zukunft unser Leben auf die gleiche Weise bestimmen wie das Wetter heute, nämlich eigentlich gar nicht, und wenn, dann nur als Randerscheinung, der man durch intelligente Anpassung des eigenen Verhaltens begegnen kann und muss.

Der Mensch ist ein Gewohnheitstier, sagt man zu Recht. Wird der Klimawandel bagatellisiert, weil für alles und jedes verantwortlich gemacht, verliert er vollständig seinen Schrecken und seinen Neuigkeitswert. Wir stumpfen schlicht und einfach ab, wenn man uns stündlich die Katastrophe ankündigt. »Don't cry wolf«, sagt man im Englischen und meint, dass dauernde Warnungen diejenigen, die man warnen will, ermüden und unaufmerksam werden lassen.

Es wäre schön, wenn man mal wieder einen Experten hören würde, der auf die lauernde Frage, was es mit dem vielen oder wenigen Schnee in den Bergen »wirklich« auf sich hat, sagen würde: »Was soll es damit auf sich haben, es ist Wetter und sonst gar nichts.« Wer etwas für den Klimawandel tun will, sollte darüber einfach weniger oft reden. Man stelle sich vor, welche Erlösung es wäre, würde man allein den geschwätzigen Journalisten der öffentlich-rechtlichen Medien und ihren »Experten« verbieten, für drei oder gar sechs Monate das Wort »Klimawandel« auch nur in den Mund zu nehmen. Oder man könnte ihnen grundsätzlich vorschreiben, das Wort Klimawandel nur in Zusammenhängen zu nennen, wo es wirklich um globale Phänomene geht und wo wirklich lange Zeiträume abgedeckt werden.

Ein Aufatmen ginge durchs Land. Wir würden uns wirklich wieder über Sonnenschein freuen, statt sofort an die Verwüstung der Erde zu denken, Regen wäre wieder englisches Wetter statt ein Vorbote der Sintflut und Schnee, man kann es sich nicht wirklich vorstellen, Schnee wäre ein Zeichen für Winter in den Alpen. Derart gebootete (normalisierte) Menschen könnte man einmal im Jahr darauf ansprechen, dass sie noch mehr tun können, als im Herbst den Regenschirm aufzuspannen oder im Sommer mit Flip-Flops in die Oper zu gehen. Man könnte ihnen sagen, dass es etwas Größeres da draußen gibt, was ihre Aufmerksamkeit beanspruchen sollte, und man könnte mit ihnen ernsthaft diskutieren, was die Menschen auf der ganzen Welt tun können, um zu verhindern, dass die fossilen Rohstoffe, die sich über Milliarden von Jahren angesammelt haben, innerhalb von 200 Jahren einfach verfeuert werden.

III. Worum es eigentlich geht: Ökologie versus Ökonomie?

Wachstum als Krisenlösung?

Wann immer die Ökonomen davon reden, man müsse wieder »Wachstum« schaffen, erschauern andere. Wenn also die Rede davon ist, wie man durch eine Steigerung der Produktion von Gütern und Dienstleistungen aus einer Krise herauskommen kann, kommt prompt der Einwand, man könne auf einem begrenzten Planeten nicht immer weiter auf Wachstum setzen. Man müsse, sagen umweltbewusste Menschen, in alle Überlegungen einbauen, dass »Wachstum« keine Lösung sei, sondern letztlich selbst das größte aller Probleme schaffe, nämlich die Unbewohnbarkeit der Erde.

Dieser Einwand, ich habe es schon auf den ersten Seiten gesagt, ist grundsätzlich richtig, denn jeder vernünftige Mensch muss zugestehen, dass es nicht eine beliebige Steigerung des Verbrauchs von »Umwelt« oder von natürlichen Ressourcen geben kann. Der Einwand schafft aber aus einigen wichtigen Gründen eine falsche Sicht der Dinge, um die es den Menschen geht.

Zunächst ist es vollkommen unangemessen, eine wodurch auch immer entstandene ökonomische Krise als Ausgangspunkt und sozusagen gute Gelegenheit wahrzunehmen, die

Wirtschaft generell und bewusst auf Nullwachstum umzustellen. Ist eine Krise durch eine wirtschaftspolitische Fehlsteuerung entstanden wie die große Krise von 2008 und 2009, ist es zunächst die Aufgabe der Politik, ihre Fehler der Vergangenheit nicht auf den Schultern derjenigen abzuladen, die während der Krise arbeitslos geworden sind.

Wenn es eine ökologische Umsteuerung geben soll, dann muss auch diese in einer Demokratie diskutiert und entsprechend den demokratischen Regeln und auf sehr lange Sicht in die Wege geleitet werden. Auf die ökonomische Krisendiskussion nach dem Motto aufzuspringen, jetzt packen wir auch noch die eigentliche ökologische Krise an, ist unsinnig und gegenüber den unmittelbaren Opfern der ökonomischen Krise zutiefst ungerecht.

Wenn Ökonomen von Wachstum als Lösung einer Krise reden, dann reden sie in der Tat meist von einer kurzfristigen Steigerung der Güter und Dienstleistungen, die auch vor der Krise schon produziert worden sind. Das ist angemessen, weil die Krise Teile genau dieser Produktion (und die dazugehörige Arbeit ebenfalls) obsolet gemacht hat, natürlich aber nicht (oder nur durch Zufall) die Teile der Produktion, die ökologisch problematisch waren, sondern die Teile, die aus irgendeinem anderen Grund von dem Nachfrageausfall in der Krise besonders betroffen waren. Das können Konsumgüter, das können aber auch Investitionsgüter jeder Art gewesen sein.

In einer solchen Krise muss es in der Tat das Hauptziel der Wirtschaftspolitik sein, möglichst rasch Bedingungen zu schaffen, die es erlauben, die arbeitslos gewordenen Arbeitskräfte wieder einzustellen. Ob sich dabei auch die Struktur der Produktion in einer Weise ändert, die ökologischen Zielen gerecht wird, ist nicht generell zu sagen, aber mit den Instrumenten, die von der Wirtschaftspolitik eingesetzt werden, nur begrenzt zu beeinflussen. Rein makroökonomische Instrumente wie der Zins haben keinerlei Lenkungsfunktion in dieser Hinsicht, während der Staat, greift er mit einem Konjunkturprogramm via staatliche Investitionen ein, natürlich auch ökologische Ziele berücksichtigen kann.

Hauptstreitpunkt der heutigen wirtschaftspolitischen Auseinandersetzung ist jedoch, ob der Staat überhaupt eingreifen muss, und wenn ja, wie er eingreifen muss. Während die einen eine weitgehende Abstinenz des Staates oder sogar einen Rückzug des Staates genau in dieser Situation empfehlen, treten die anderen für eine aktive Konjunkturpolitik ein, vor allem, um keine Verfestigung der in der Krise entstandenen Arbeitslosigkeit zuzulassen. Der kritische Punkt in diesen Auseinandersetzungen ist zumeist die Verschuldung des Staates, die von den einen als zu hoch empfunden und von den anderen mit Blick auf die Sparwünsche der Gesellschaft oder die internationalen Ungleichgewichte in den Leistungsbilanzen relativiert wird. In dieser Auseinandersetzung spielen ökologische Aspekte höchstens am Rande eine Rolle, weil mit oder ohne die Berücksichtigung ökologischer Belange für die richtige Wirtschaftspolitik eine Lösung gefunden werden muss.

Es ist aber – wie die sich über einige Jahre hinziehende Eurokrise zeigt – schon jetzt fast unmöglich, eine rationale, auf gesamtwirtschaftlichen Einsichten beruhende Lösung für dieses makroökonomische Problem zu finden, weil auf der Seite der Politik einzelwirtschaftliche Sichtweisen dominieren. Das hat enorme Konsequenzen für die Ökologie. Ökologisch motivierte Veränderungen könnten von der Politik selbstverständlich in ein marktwirtschaftliches System eingebracht werden. Damit das aber erfolgreich geschehen kann, müssten wir zunächst einen Konsens darüber haben, was ein marktwirtschaftliches System eigentlich ist und wie es sinnvoll, das heißt zum Nutzen aller und nicht nur einer kleinen Elite, betrieben werden kann. Innerhalb eines solchen Konsenses lassen sich dann die ökologisch notwendigen Rahmenbedingungen aufbauen. In einem Land, in dem eine ökonomische Krise tobt, weil es keinen Konsens darüber gibt, wie die Marktwirtschaft im Zusammenspiel verschiedener Länder zum Nutzen aller zu steuern ist, ist eine ökologische Umsteuerung praktisch unmöglich.

Das ist ein ganz grundsätzliches und schwerwiegendes Problem: Ökologische Erneuerung heißt, das System langfristig grundlegend umzusteuern. Wie aber soll das gehen in einem System, dessen Funktionsweise die Mehrzahl unserer Politiker (und akademischen Ökonomen) nicht einmal im Ansatz versteht? Wie sollen die Veränderungen aufgrund ökologischer Maßnahmen und die Folgen makroökonomischer Schocks unterschieden werden, wenn die herrschende Lehre in der Ökonomik und die Politik unfähig sind zu verstehen, was ein makroökonomischer Schock ist und wie er behandelt werden muss? Diese Unterscheidung ist aber wichtig, weil die Wirtschaftspolitik auf einen makroökonomischen Schock völlig anders reagieren muss als auf die Folgen einer bewusst herbeigeführten Veränderung der Rahmenbedingungen, unter denen gewirtschaftet werden soll.

Um ein Beispiel zu geben: Die Folgen eines Ölpreisschocks, der ja in vieler Hinsicht einem ökologischen Schock gleichkommt, sind weitgehend unverstanden. Wer einen Rückgang des Ölpreises als Konjunkturprogramm ansieht, dem wird man nur schwer erklären können, dass ein stetiger Anstieg des Ölpreises aus ökologischen Gründen in den nächsten fünfzig oder gar hundert Jahren absolut notwendig ist und dass die internationale Staatengemeinde genau dafür sorgen muss.

Ich habe (zusammen mit Gerhard Maier-Rigaud in dem kleinen Buch *Umwelt und Wirtschaft*, das Anfang der Achtzigerjahre bei Mohr-Siebeck erschienen ist[1]) genau dies bereits beschrieben, nämlich wie abhängig unsere Bereitschaft, ökologische Ziele zu verfolgen, von unserem Verständnis von Wirtschaft ist. Diese Bereitschaft mag inzwischen größer geworden sein, bei unserem Verständnis von Wirtschaft hat es in der akademischen Diskussion und in der Politik jedoch nur Rückschritte gegeben. Es gibt aber keine richtigen ökologischen Einsichten in der falschen Ökonomik.

Ich werde in den folgenden Abschnitten die Möglichkeiten und die Folgen einer ökologischen Umsteuerung durch eine demokratisch gewählte Regierung unter der heroischen (ja falschen) Annahme diskutieren, es gebe einen Konsens hinsichtlich einer vernünftigen, makroökonomisch abgesicherten Wirtschaftspolitik. Unter solchen Voraussetzungen ist vieles möglich, wenngleich sich auch dann noch manches anders darstellt, als man es gerne aus einer rein ökologischen Sicht glauben möchte. Aber jeder, der sich primär für ökologische Fragen und Lösungen interessiert, sollte sich im Klaren darüber sein, dass er oder sie auch für eine bessere Ökonomik eintreten muss, bevor eine Chance besteht, die langfristig überlebensnotwendigen Dinge auf dieser Welt in den Griff zu bekommen.

Externe Effekte

Selbst wenn eine angemessene ökonomische Theorie angewendet wird, können viele Menschen nur schwer nachvollziehen, was Ökonomen zur Debatte um das Überleben der Menschheit beitragen können. In der Tat, der Ökonom kann und sollte sich nicht auf das Gebiet der Erforschung der naturwissenschaftlichen Phänomene begeben, die den Klimawandel oder andere Umweltschäden beschreiben.

Wir müssen also hinnehmen, was die Naturwissenschaftler vorgeben. Mögen die Naturwissenschaftler untereinander auch über die Rolle des Menschen bei der Beeinflussung des Klimas streiten, ich unterstelle hier, die Mehrheit habe mit der Behauptung recht (was ja in der Wissenschaft keineswegs immer der Fall ist), dass die Menschen mit dem Ausstoß von Klimagasen das Weltklima beeinflussen und hohe Risiken für zukünftige Generationen schaffen.

Ist diese Grundentscheidung einmal getroffen, ist der Rest der Überlegung bis hin zur Politik weitgehend ein ökonomisches Problem. Zunächst scheint es um klassische Mikroökonomik zu gehen, nämlich um die Frage, wie viel einer bestimmten gegebenen Güterausstattung die Menschen bereit sind zu opfern, wenn sie mehr Ressourcen einsetzen müssen, um für eine gesunde Umwelt zu sorgen, also zum Beispiel, um Schäden zu beseitigen, die durch die Produktion von Konsumgütern entstanden sind, oder um Vorsorge zu treffen, dass zukünftig bei der Produktion weniger Schadstoffe entweichen können. Man muss also Kosten (den Verzicht auf herkömmliche Konsumgüter) abwägen gegen den Nutzen, den die Verhinderung von Umweltschäden schafft.

Das wichtigste von den Ökonomen heftig diskutierte Problem bei dieser Ausgangslage liegt darin, dass das normale Wirtschaftssubjekt keinen unmittelbaren Nutzen davon hat, wenn bei einer Produktion der Ausstoß von schädlichen Emissionen verringert wird, weil es vielleicht gar nicht in der Nähe einer solchen Anlage wohnt oder es nicht weiß, ob woanders das Gleiche geschieht, sodass es mit einem signifikanten Gesamteffekt der Umweltmaßnahme rechnen kann. Andersherum: Wenn bei der Produktion eines bestimmten Gutes negative Umwelteffekte auftreten, kann man nicht leicht zuordnen, wer durch die Nachfrage nach diesem Gut diesen Effekt sozusagen verursacht hat, sodass der Gesamteffekt in keiner individuellen Kosten-Nutzen-Überlegung auftaucht. Man hat, so nennen das die Ökonomen, externe Effekte produziert, die zwar der Gesellschaft schaden, für die aber niemand individuell so einfach in Haftung genommen werden kann.

Um ein einfaches Beispiel zu nehmen: Bei der Verbrennung von Kraftstoffen in Automobilen entstehen schädliche Abgase, die nicht den Fahrer des Autos direkt schädigen, sondern den, der hinter ihm fährt, und die Gesellschaft insgesamt. Also hat kein Fahrer ein Interesse daran, die Verbrennung seiner Autotreibstoffe sauberer zu machen, solange er nicht sicher ist, dass alle anderen das auch tun. Folglich muss der Staat eingreifen und alle zwingen, etwas gegen die schädlichen Abgase zu tun. Um den negativen externen Effekt zu verhindern, kann der Staat Vorschriften erlassen, die Autofahren generell teurer machen, er kann technische Vorgaben durchsetzen, die vom gegenwärtigen Stand der Technik angeboten werden, um die Schadstoffe zu verringern.

Er kann aber auch versuchen, die externen Effekte unmittelbar durch Vorschriften zu internalisieren, sie also für den

Einzelnen spürbar zu machen, ohne dass er in die Technik eingreift. Ein treffendes Beispiel dazu, das ich schon in den Achtzigerjahren benutzt habe, ist die extrem einfache Vorschrift, alle Abgase, die ein Automobil produziert, zunächst durch das Wageninnere zu leiten. Das klingt radikal, ist aber im Zeitablauf vermutlich die beste Lösung. Es besteht meines Erachtens kein Zweifel, dass wir, wäre diese Vorschrift vor hundert Jahren von den Staaten der Welt durchgesetzt worden, heute genauso viel Auto fahren würden, wie wir es derzeit tun. Vielleicht würden wir wasserstoffbetriebene Automobile fahren, auf jeden Fall hätten wir einen weit größeren Teil des Erdöls in der Erde gelassen und hätten viel weniger Klimagase produziert.

Dieses Beispiel zeigt zudem, dass die mikroökonomische Fragestellung prinzipiell nicht weit, ja zumeist sogar in die Irre führt. Denn die klassische Entscheidungssituation, die von ihr unterstellt wird, gibt es eigentlich nie. In der Realität gibt es die Informationen gar nicht, die man bräuchte, um die Mehrheit der Menschen vor eine einfache Entscheidungssituation nach der Art zu stellen: »Was wollt ihr? Mehr Umweltschutz oder mehr Güter?«. Zuallererst gibt es nämlich keine »gegebene Güterausstattung«. Wir bewegen uns in einem dynamischen System, in dem durch den Erfindungsgeist der Menschen die Güterausstattung ja permanent vergrößert und in ihrer Struktur permanent verändert wird. Die Menschen kennen auch ihre Präferenzen nicht wirklich, weil sie für die Güter, die neu erfunden werden, erst in der Zukunft Präferenzen entwickeln werden. Hinzu kommt, dass durch den technischen Fortschritt die Möglichkeit, Umweltschutz umzusetzen, dauernd verändert wird. Gibt es die richtigen Anreize, können die Kosten langfristig stark sinken.

Über viele Jahre hinweg kann daher niemand vorhersagen, wie sich die Entscheidung zwischen normalen Gütern und Umweltgütern darstellen wird und ob sie überhaupt noch relevant ist. Im obigen Beispiel: Ist die Wasserstofftechnik für das Auto erst eingeführt, weil sie am besten mit der Vorschrift in Einklang zu bringen ist, ist es für die nächsten hundert Jahre vollkommen irrelevant, wie teuer die Einführung war und wie viele normale Güter deswegen nicht verbraucht wurden, wie viel entgangenen Nutzen die Menschheit hat also »erleiden« müssen, weil sie schon früh auf eine »teure« Technik gesetzt hat. Auch die Vorschrift, Abgase erst durchs Wageninnere zu leiten, ist dann nicht mehr sonderlich relevant.

Der Gedanke, dass Umweltschäden regelmäßig durch externe Effekte bei der Abarbeitung der »normalen« Präferenzen der Menschen durch das Marktsystem auftreten und vom Staat auf die eine oder andere Art internalisiert werden müssen, wird aber dann vollends unscharf, wenn Umweltschutz zu einem Teil der Präferenzen der Menschen wird. Wenn also bei hoher Ausstattung mit herkömmlichen Gütern den Menschen ins Bewusstsein kommt, dass sie die natürliche Umwelt vernachlässigt haben und hier ein großer Nachholbedarf beziehungsweise ein Vorsorgebedarf besteht, dann ist der Wunsch nach einer Beseitigung der Schäden und/oder der Verhinderung von neuen Schäden unmittelbar vorhanden und konkurriert auf der Mikroebene mit den normalen Gütern und Dienstleistungen.

Dann braucht man Unternehmer, die diese Präferenzen aufgreifen und umsetzen. Da sich diese Präferenzen aber weniger in einer Nachfrage nach konkreten und besseren Produkten äußern, sondern mehr in einer abstrakten Bereitschaft, für mehr Umweltschutz zu zahlen, muss der Staat der

Unternehmer für den Umweltschutz sein und diese Präferenzen bedienen. Indem er den Unternehmen in der einen oder anderen Weise generell auferlegt, bestimmte Vorkehrungen zu treffen (zum Beispiel Katalysatoren und Filter in Automobile einzubauen), erfüllt er die Präferenzen der Bürger nach einer besseren Luftqualität und zwingt sie auch gleichzeitig, dafür zu zahlen. Der Zwang, dafür zu zahlen, resultiert aber nur aus der Tatsache, dass es ohne diesen Zwang viele Trittbrettfahrer gäbe, die sich darauf verlassen würden, dass die »anderen« schon ausreichend viel tun und sie sich der Zahlung entziehen können. Der Zwang bedeutet in der Regel nicht, dass der Staat den Menschen etwas aufzwingt, was sie partout nicht haben wollen und was deswegen etwas dem Markt im weitesten Sinne Fremdes ist.

Aber selbst wenn es so wäre, dass der Staat allein aus seiner besseren Einsicht heraus handelt und den Bürgern etwas aufzwingt (er schafft »meritorische Güter«, sagte man früher), was sie so nicht unmittelbar haben wollen, aber doch nach der Einschätzung einer demokratisch gewählten Staatsführung ihrem Wohl dient, kann man als Ökonom nicht einfach sagen: Das ist etwas dem Markt Fremdes, das muss ich abziehen bei der Berechnung des Wohlstandes. Die Vorschrift des Staates etwa, dafür zu sorgen, dass Kinder eine Schule zu besuchen haben und nicht arbeiten dürfen, mag der Einzelne als Zwang empfinden, dennoch wird die weit überwiegende Mehrheit der Bürger das heutzutage als selbstverständlich betrachten und wissen, wie sehr das dazu beiträgt, dass auf lange Sicht die Gesellschaft materiell und immateriell reicher wird.

Ist auf diese Weise der Umwelt- oder Klimaschutz eingereiht in die Bedürfnisse und Präferenzen der Bürger und der

Gesellschaft, erledigt sich eine ganze Klasse von Problemen, die von der herrschenden Ökonomie mit dem Umweltschutz verbunden wird, von ganz allein.

Was kostet der Umweltschutz?

Die im vorigen Abschnitt gemachten Aussagen passen sehr gut zur Diskussion um die Manipulation von Grenzwerten in der Automobilindustrie, weil das Gemauschel von Unternehmen und Staat mal wieder zeigt, dass die Politiker das zentrale Problem nicht verstehen, um das es beim Umweltschutz geht. Sie verstehen sich weniger als Volksvertreter denn als Lobbyisten. Mauscheleien »zugunsten« einzelner Hersteller oder einer ganzen Branche sind nämlich der unmittelbare Beweis dafür, dass die Politik glaubt, die »Kosten« des Umweltschutzes der Branche nicht oder doch zumindest nicht vollständig zumuten zu können.

Was aber sind die Kosten? Würde Volkswagen genau wie alle anderen Hersteller (oder vielleicht auch nur einige von ihnen?!) eine Technologie einbauen, um die Abgasgrenzwerte einzuhalten, die teurer wäre als die derzeitige, wo wäre das Problem? Die zusätzlichen Kosten (eventuell auch in Form höheren Spritverbrauchs) müssten von den Verbrauchern aufgebracht werden. Dadurch würde das Fahrzeug beziehungsweise das Fahren insgesamt teurer. Die zusätzlichen Kosten bedeuteten jedoch zusätzliche Erträge für die Hersteller der Teile (zum Beispiel Filter oder Katalysatoren), die nun zusätzlich eingebaut werden. Der Verbraucher würde vielleicht insgesamt mehr für das Auto bezahlen und dafür bei gegebenem Einkommen woanders bei seinem

Konsum sparen. Die Automobilhersteller könnten aber auch auf den Einbau irgendwelcher Zierteile verzichten und damit die höheren »Umweltkosten« beim Gesamtpreis des Autos ausgleichen.

Gesamtwirtschaftlich gesehen ist das Ergebnis immer das gleiche: Es entstehen zusätzliche Einkommen und Arbeitsplätze bei den Herstellern der Katalysatoren und Filter und es wird weniger verdient (werden Arbeitsplätze abgebaut), wo die Kunden oder die Autohersteller die Einsparung vornehmen. Das ist kein Problem, sondern ganz normaler Strukturwandel, wie er jeden Tag millionenfach durch rein private Dispositionen ausgelöst wird. Die Politik muss sich darum überhaupt keine Gedanken machen.

Allerdings, wenn die Politik sich den einzelwirtschaftlichen Schuh eines einzelnen Automobilproduzenten oder auch der Branche anzieht, dann gerät sie in die Bredouille. Sobald sie auf deren Argumente eingeht, sitzt sie in der Falle, weil sie zugeben muss, die Situation der Branche oder des Produzenten zum Beispiel durch die Vorgabe oder Verschärfung von Abgasgrenzwerten verschlechtert zu haben. Denn durch die staatlichen Auflagen ist die Produktion teurer geworden.

Man kann sich leicht vorstellen, dass bei einer solchen Sichtweise die Politik große Schwierigkeiten hat, den Automobilproduzenten, die mit Arbeitsplatzverlust drohen, zu erklären, dass Umweltschutz wichtiger ist als einzelne Arbeitsplätze. Da beginnt der Kuhhandel, auf den sich ein kompetenter Staat (also ein Staat, der ausschließlich in gesamtwirtschaftlichen Kategorien denkt) von vorneherein überhaupt nicht einlassen muss und darf. Tut er es, beziehungsweise tun es seine Akteure, die Politiker, doch, erweisen sie sich im Grunde als inkompetent auf ihrem ureigenen

Aufgabenfeld, dem der Vertretung der Bevölkerung. Sehen sich Politiker – hinter vorgehaltener Hand – nur als Interessenvertreter einzelner Lobbygruppen, wird der Kuhhandel natürlich zum Normalfall des politischen Alltags.

Auch auf Seiten der Gewerkschaften kann man beobachten, dass sie vollständig die einzelwirtschaftliche Sicht oder die Branchensicht übernehmen und damit ebenfalls ihre eigentliche Aufgabe, nämlich die gesamtwirtschaftliche Entwicklung zu unterstützen, verfehlen. Wenn die IG Metall sich »beschäftigungspolitische« Gedanken zur CO_2-Reduktion macht,[2] dann meint sie natürlich die Beschäftigung in der Automobilindustrie, und ihr »Engagement« läuft darauf hinaus, den Strukturwandel zu verlangsamen, um der Automobilindustrie mehr Zeit zur Anpassung (und das heißt mehr Gewinne und weniger Veränderung in der Beschäftigtenlandschaft) zu verschaffen oder die technischen Ziele herunterzuschrauben.

Man sieht hier auch sofort, warum die ganze auf der einzelwirtschaftlichen Ebene geführte Diskussion um den Konflikt zwischen Umweltschutz auf der einen Seite und Arbeitsplätzen oder Einkommen auf der anderen vollkommen neben der Sache ist. Wir fragen niemals im alltäglichen Strukturwandel, der uns von den privaten Produzenten aufgedrängt wird (über Werbung unter anderem), ob die Ergebnisse auch für die Arbeitsplätze und das Einkommen positiv sind. Wenn ein neuer Tabletcomputer in großem Maße alte Standcomputer verdrängt, verschieben sich auch viele Arbeitsplätze und Einkommensmöglichkeiten. Niemand käme aber auf die Idee zu fragen, ob man diese Entwicklung nicht aufhalten oder wenigstens abschwächen müsse, damit nicht so viele einzelne Arbeitsplätze gefährdet werden. Nur wenn der Staat involviert ist, nimmt sich jeder einzelne Produzent (die großen zumal) heraus, genau diese Frage quasi drohend in den Raum zu stellen.

Natürlich wäre auch diese Konfusion nicht möglich, würden die Volkswirte wirklich Volkswirtschaftslehre betreiben und nicht verkleidete Betriebswirtschaftslehre. Tatsächlich muss man hier ein besonders trauriges Kapitel ökonomischer Konfusion aufgreifen. Die herrschende Ökonomie begann nämlich schon in den Siebzigerjahren damit (wie in dem Buch *Umwelt und Wirtschaft* nachzulesen ist), aus dem »magischen Viereck«, also den normalen makroökonomischen Zielen (Preisstabilität, außenwirtschaftliches Gleichgewicht, hoher Beschäftigungsstand, angemessenes Wachstum), ein Fünfeck zu formen, bei dem der Umweltschutz eine eigene Ecke erhielt.

Das war und ist grandioser Unsinn, weil der Wunsch der Menschen nach sauberer Umwelt (oder die von ihnen verstandene Notwendigkeit, einzugreifen, um die Umwelt zu schützen) in die Reihe der (mikroökonomischen) Präferenzen gehört, also der Wünsche, deren Erfüllung man sich vom System erhofft, der aber nichts damit zu tun hat, wie das System makroökonomisch gesteuert wird und welche Ergebnisse man mit der Makrosteuerung erzielt.

Die Einordnung des Umweltschutzes in die Reihe der Präferenzen zeigt aber auch, dass die Euphorie vieler Anhänger der grünen Bewegung, die davon sprechen, dass Umweltschutz »zwei Dividenden« bringe, nämlich die Verbesserung der Umwelt und mehr Arbeitsplätze oder mehr Einkommen, genauso abwegig ist wie der oben angesprochene Konflikt. Umweltschutz ist bei dieser Betrachtung ein ganz normales (wenn auch meist öffentliches) Gut, dessen Produktion allerdings in der Regel vom Staat angeschoben oder erzwungen werden muss (wie das bei fast allen öffentlichen Gütern der Fall ist). Die Produktion von mehr Umweltschutz in diesem Sinne steht weder im Konflikt mit den Arbeitsplätzen insgesamt, noch kann man sich davon besonders viele Arbeitsplätze erwarten. Eine angemessene Wirtschaftspolitik nimmt das zur Kenntnis und betreibt ihre Aufgabe ganz unabhängig davon, wie viel und auf welche Weise von den anderen Bereichen staatlicher Politik Umweltschutz durchgesetzt wird.

Natürlich bleibt es, wie bei anderen öffentlichen Gütern auch, ein Problem herauszufinden, wie viel von dem öffentlichen Gut Umweltschutz bereitgestellt (beziehungsweise durchgesetzt) werden soll. Denn normalerweise will niemand freiwillig für etwas bezahlen, was allen zugutekommt. Die Präferenzen der Bürger sind nicht gleich. Daher muss in Wahlen darüber abgestimmt werden, wie viel Umweltschutz sich die Gesellschaft beziehungsweise die Mehrheit der Gesellschaft wünscht.

Ein weiteres Problem ist, dass die Menschen von Umweltverschmutzung und -schäden unterschiedlich stark betroffen sind: Die einen wohnen in der von Abgasen und Feinstaub belasteten Innenstadt, die anderen an den Ufern von zunehmend hochwassergefährdeten Flüssen, die dritten leiden unter Fluglärm, wieder andere unter den Abwässern von Industriebetrieben oder den negativen Folgen von Massentourismus. Jeder sieht dann die ordnungspolitischen Prioritäten woanders.

Dieses Problem tritt vor allem dort in den Vordergrund, wo die demokratische Abstimmung über den Umweltschutz ganz augenfällig nicht mit dem Bereich zusammenfällt, auf den der durchgeführte (oder unterlassene) Umweltschutz auch konkrete Auswirkungen hat (Beispiel Anstieg der Meeresspiegel) oder wo eine zeitliche Inkongruenz auftritt: Derjenige, der sich den Umweltschutz etwas kosten lässt und dafür auf andere Güter verzichtet, bekommt die positiven Folgen seines Handelns nicht (mehr) zu spüren (Beispiel Ressourcenschonung oder Erhalt der Artenvielfalt für die nächsten Generationen).

Hier wirkt die Einreihung des Umweltschutzes in die normalen Präferenzen nicht mehr. Zum Beispiel kann es durchaus sein, dass die Wünsche der Menschen (oder die natürlichen Bedingungen) in einem Land so sind, dass der Staat dort mit einer gewissen demokratischen Legitimation weniger Umweltschutz durchsetzt, als das in einem anderen Land der Fall ist. Mit anderen Worten: Man kann nicht einfach unterstellen, dass Umweltschutz überall ungefähr gleich nachgefragt wird. Das aber kann zu unterschiedlichen Kostenniveaus zwischen Ländern führen: Das Preisniveau des Landes mit mehr Umweltschutzauflagen dürfte – wenn sonst alles andere gleich ist – höher als in dem Land mit weniger Umweltschutzauflagen sein. Und das würde vermutlich auch für die meisten handelbaren Güter gelten. Und dann kommt die internationale Wettbewerbsfähigkeit ins Spiel, die oft als Grund angeführt wird, diese oder jene ordnungspolitische Maßnahme zugunsten der Umwelt könne sich das Land nicht leisten, solange andere Länder nicht mitzögen.

Was ist von dieser Überlegung zu halten? Zunächst muss man feststellen, dass *einmalig* auftretende Kosteneffekte in der Regel nicht wirklich bedeutend für die internationale Wettbewerbssituation einer Volkswirtschaft sind. Entscheidend für die Wettbewerbsfähigkeit ist immer, wie sich das Kostenniveau im Verhältnis zum Lohnniveau *im Zeitablauf* entwickelt. Entstehen über die Jahre hinweg regelmäßig große Kostenlücken zwischen Ländern, führt das immer wieder zu Zahlungsbilanzkrisen, wenn die Lücken nicht systematisch durch Wechselkursänderungen ausgeglichen werden. Auch Kostendifferenzen, die durch Umweltschutzmaßnahmen entstehen, können und müssen im Prinzip durch Wechselkursänderungen ausgeglichen werden.

Doch das internationale Währungssystem, das auf flexiblen (marktbestimmten) Kursen aufgebaut ist, funktioniert nicht so, wie es sollte, weswegen es aus vielen Gründen zu Verzerrungen bei der Wettbewerbsfähigkeit zwischen den Staaten kommt. Entscheidend für die mangelhafte Funktionsweise ist internationale Spekulation mit Währungen, die gewaltige Verzerrungen hervorruft. Solange sich die Staatengemeinschaft damit nicht auseinandersetzt, muss man über Verzerrungen durch Umweltmaßnahmen allerdings nicht einmal nachdenken. Das sind die sprichwörtlichen Peanuts im Vergleich zu dem, was der Markt an Verzerrungen produziert.

In einer Währungsunion müssen permanent sich vergrößernde Kostenlücken in der Regel durch Lohnanpassung geschlossen werden. Sollten in einer Währungsunion große umweltschutzbedingte Preisniveauunterschiede auftreten, die zu einem Kosten- und damit Handelsgefälle führen, das Leistungsbilanzungleichgewichte mit sich bringt, kann der Staat ein solches einmaliges Gefälle, wenn es denn wirklich quantitativ bedeutend ist, durch viele verschiedene Maßnahmen ausgleichen. Er kann durchaus auf Importgüter, die mit geringeren Auflagen produziert worden sind, permanent einen Zoll erheben, der den Kostenvorteil wettmacht. Er kann auch seinen eigenen Unternehmen einen Steuervorteil oder eine Subvention geben, die den Nachteil ausgleicht.

Man muss aber generell bedenken, dass die absoluten Kostenniveaus in vielen Ländern ohnehin durch staatliche Eingriffe massiv verzerrt sind. Die Steuersätze sind selbst in der Europäischen Union extrem unterschiedlich. Aber was heißt das schon? Unterschiedlichen Niveaus der Steuerbelastung steht ja häufig auch ein unterschiedliches Niveau der Ausstattung mit Infrastruktur durch den Staat gegenüber, die den Unternehmen in dem Land mit höheren Steuern zugutekommt. Auch eine bessere Ausbildung der Arbeitskräfte gehört übrigens zu dieser Infrastruktur. Letzten Endes muss also das Dogma des unbedingten Freihandels mit auf den Prüfstand, wenn man beim Umweltschutz grenzüberschreitend weiterkommen will.

Was würde ein gutmeinender Diktator tun?

In den ersten beiden Abschnitten dieses Kapitels habe ich zu zeigen versucht, wieso das traditionelle ökonomische Denken einem Wandel in Richtung mehr Umwelt- und Klimaschutz direkt entgegensteht. Friederike Spiecker hat darüber hinaus gezeigt, dass es in einer komplexen Gesellschaft und in einer Demokratie nicht so einfach ist, die Präferenzen »der Menschen« zu identifizieren, vom Umsetzen dieser Präferenzen in neue Produkte durch den Staat ganz zu schweigen.[3]

Trotz all dieser (unbestreitbaren) Schwierigkeiten will ich in den kommenden Abschnitten fragen, wie und ob man überhaupt die globale Entwicklung derart umsteuern könnte, dass die Menschheit eine ökologische Katastrophe verhindert. Ist das mit einer Marktwirtschaft zu machen? Wird das Wachstum zum Erliegen kommen? Wie ist das mit der Verteilung der Einkommen, wenn man umsteuert? Wer muss politisch an dem Prozess beteiligt werden, damit er überhaupt möglich ist? Was können wir als Bürger tun?

Damit man diese Fragen überhaupt ernsthaft diskutieren kann, muss man zunächst unterstellen, es gebe auf der globalen Ebene so etwas wie einen gutmeinenden Diktator, der die wichtigen Weichen stellt und die maßgeblichen Akteure davon »überzeugt«, die Dinge zu unternehmen, die im langfristigen Interesse der Menschheit sind.

Was müsste ein solcher Diktator tun? Es kann kaum ein Zweifel daran bestehen, dass es bei dem heutigen Stand des technischen Wissens darauf ankommt, die Abhängigkeit des gesamten Entwicklungsprozesses der Menschheit von fossiler Energie zu beenden. Der Verbrauch fossiler Energieträger hat in der Vergangenheit zu den größten Veränderungen in der Umwelt und beim Klima geführt. Natürlich gibt es auch viele andere Stoffe, deren Produktion und Verbrauch gewaltige Schäden anrichten. Aber Kohle und Öl sind symptomatisch für die Art und Weise, wie wir mit dem umgehen, was nur ein einziges Mal auf diesem Planeten zur Verfügung steht. Kohle und Öl lassen sich auch praktisch nicht recyceln; einmal verbrannt, sind sie in Gase verwandelt, die uneinbringlich – dem Entropiegesetz folgend – diffundieren und damit nutzlos (oder eben sogar schädlich) geworden sind. Von der Verflüssigung von CO_2 und dessen unterirdischer Einlagerung wollen wir hier absehen, da der dafür wohl notwendige Energieaufwand und die mit der Einlagerung vermutlich verbundenen Risiken nach bisherigem Stand der Wissenschaft zu hoch sind, um eine Verbesserung der Situation zu erreichen.

Nun diskutiert man in den Expertenzirkeln ja intensiv darüber, auf welche Weise man am besten umsteuert. Ordnungspolitische und technische Maßnahmen stehen zur Debatte, aber auch ein Vorgehen, das bei den Preisen der Produkte ansetzt, also versucht, durch Verteuerung schädlicher Stoffe die Menschen dazu zu bringen, weniger von diesen Stoffen zu kaufen und zu verbrauchen.

Im ersten Fall setzt der Staat Normen oder Regeln, die all diejenigen befolgen müssen, die das entsprechende Produkt verbrauchen. Das ist angeblich nur möglich entlang des sogenannten »Standes der Technik«. Denn der Staat kann nicht – so sagen es zumindest regelmäßig die Lobbyisten – Grenzwerte oder Verbrauchswerte vorgeben, die technisch gar nicht eingehalten werden können und daher zu einem absoluten Rückgang der Produktion bestimmter Produkte wie etwa Automobile führen würden. Das ist natürlich nicht richtig. Der Staat könnte das schon und es wäre auch – abgesehen von einigen vorübergehenden Friktionen – gesamtwirtschaftlich unproblematisch.

Doch wie immer in solchen Fällen gibt es kaum einen demokratischen Staat, der die Kompetenz und die Kraft besitzt, sich wirklich gegen mächtige Interessen durchzusetzen, zumal in solchen Fällen beide Seiten, die Arbeitnehmer und die Arbeitgeber der betroffenen Industrien, an einem Strang ziehen, einschließlich der Regionen, wo diese Industrien hauptsächlich angesiedelt sind. Folglich hat man sich auf einen »Stand der Technik« geeinigt, der aber gerade nicht das ist, was die Menschheit braucht.

Es kommt ja darauf an, neue technische Verfahren zu entwickeln, die es erlauben, die gleichen Ziele zu erreichen oder gar vergleichbare Produkte zu erzeugen, die aber ohne die schädlichen Stoffe auskommen und/oder weniger Ressourcen verbrauchen. Noch schöner wäre es, eine Änderung der

Präferenzen zu erreichen, was mit einer Änderung der Ziele verbunden wäre und damit vermutlich auch mit einer Abkehr von bestimmten Produkten. Aber von den Schwierigkeiten, die mit der Bildung und Durchsetzung anderer Präferenzen verbunden sind, war oben bereits die Rede.

Nun darf man auch das sicher nicht nur schwarz oder weiß sehen: Die Technik entwickelt sich auch dann weiter, wenn der Staat lediglich den aktuellen Stand des technisch Machbaren vorschreibt. Aber der eigentliche Prozess, der die Effizienz der Marktwirtschaft ausmacht, der kommt bei einem *solchen* Zugang zum Problem der Umsteuerung gerade nicht vollständig zum Tragen. Wir sollten jedoch die volle Effizienz der Marktwirtschaft für ein Umsteuern nutzen, weil die bereits angerichteten Schäden und erst recht die noch auf uns zukommenden immens sind. Das Argument, ohne das System Marktwirtschaft wäre es nicht zu den Umweltproblemen gekommen, die wir haben, und daher könne dieses System auch nicht zur Problemlösung beitragen, sondern verschlimmere alles nur weiter, ist nicht sonderlich stichhaltig. Man denke nur an die Umweltschäden, die es gerade auch in der Planwirtschaft gegeben hat (Stichwort Bitterfeld).

Die Marktwirtschaft ist, wie das einer der gründlichsten Denker über marktwirtschaftliche Prozesse, Friedrich August von Hayek, völlig zu Recht ausgedrückt hat, ein Entdeckungsverfahren. Die Marktwirtschaft ist das Wirtschaftssystem, das die stärksten Anreize für Veränderungen, für neue Verfahren und für neue Produkte schafft. Das war es, was sie im Vergleich zur statischen Planwirtschaft so überlegen machte. Wie kann diese Eigenschaft im Sinne einer Umsteuerung zugunsten des Erhalts unseres Planeten genutzt werden?

Der stärkste Anreiz, den es in diesem System gibt, läuft zweifellos über die Preise. Auch die stärksten Einsparprozesse, die das System kennt, sind eindeutig preisgetriebene Prozesse. Es sind die Einsparprozesse, deren Ergebnis wir Erhöhung der Arbeitsproduktivität nennen, weil bei diesen Prozessen mithilfe von Kapital (Sachkapital wie Maschinen, Patente et cetera, aber auch neue Ideen zu Arbeitsabläufen und der Organisation von Produktion) Arbeit eingespart wird. Das ist so, weil Arbeit, jedenfalls dann, wenn das System vernünftig funktioniert, permanent teurer wird.

Warum aber wird Arbeit dauernd teurer, wenn die Marktwirtschaft gut funktioniert? Nun, das Ziel des Systems Marktwirtschaft ist es, den Menschen die Arbeit, die sie zum Erhalt ihres Lebens und darüber hinaus zur Erreichung von »Wohlstand« verrichten müssen, zu erleichtern beziehungsweise zu verringern, ihnen zum Beispiel harte körperliche Arbeit zu ersparen. Dass Menschen Sport treiben, etwa weil sie ein Mindestmaß an körperlicher Anstrengung für ihre Gesundheit und ihr Wohlbefinden benötigen, steht diesem Gedanken nicht entgegen. Denn den Sport betreiben sie in ihrer Freizeit, das heißt, sie erfüllen sich damit einen »Konsumwunsch«.

Daher sind die meisten Ideen von Erfindern und Pionieren in aller Regel darauf gerichtet, Arbeitsvorgänge zu erleichtern und dadurch Arbeit einzusparen. Natürlich gibt es auch Ideen für neue Produkte, die direkt nichts mit Arbeitseinsparung zu tun haben, sondern die erst dadurch relevant werden, dass den Verbrauchern entsprechende Bedürfnisse etwa durch die Werbung »anerzogen« werden. Obwohl dieser Bereich einen erheblichen Teil unserer Konsumgüterlandschaft ausmachen dürfte, soll an dieser Stelle von ihm nicht die Rede sein. Hier soll sich auf den Teil des technischen Fortschritts konzentriert werden, der die Arbeitsproduktivität steigert und dadurch den Preis der Arbeit verändert.

Weil Arbeitszeit in einem eng definierten, ökonomischen Sinn kein »Gut« ist, sondern mit dem »Gut« Freizeit in direkter Konkurrenz steht, ist der Ertrag der Arbeitszeit, also das, was während der Arbeitszeit produziert worden ist, der Preis der Freizeit. Überspitzt ausgedrückt bedeutet jede Stunde Freizeit den Verzicht auf so und so viele Gütereinheiten, die in dieser Stunde hätten hergestellt werden können, wäre die Zeit als Arbeitszeit und nicht als Freizeit verbracht worden. Daher wird Freizeit immer wertvoller, je mehr Güter man pro Zeiteinheit durch Arbeit herstellen kann. Der Preis der Freizeit steigt also mit der Arbeitsproduktivität, und dieser Preis ist, andersherum betrachtet, der Arbeitslohn.

So sollte es jedenfalls sein! An dieser Stelle greift die oben gemachte Bedingung, »wenn das System vernünftig funktioniert«. Wird die Entwicklung des Arbeitslohns nämlich nicht gemäß der Entwicklung der Arbeitsproduktivität bestimmt, etwa weil dank falscher Wirtschaftspolitik die Arbeitslosigkeit hoch und daher der Druck auf die Arbeitslöhne stark ist, dann gerät das System in eine Nachfragekrise. Solange Erfindungen getätigt werden, die Arbeit einsparen, nimmt daher der Preis für Arbeit zu. Das aber macht wiederum neue Erfindungen zur Arbeitseinsparung lohnend.

Der Einsparprozess, darauf kommt es hier an, ist eindeutig preisgetrieben. Jedenfalls gilt das für längere Zeiträume. Kurzfristig mögen Preise wegen einer bereits vorhandenen Technologie und eines gegebenen Kapitalstocks weniger Einfluss haben, auf Dauer aber spielen sie eine entscheidende Rolle. Weil das so ist, kann und sollte man auch bei der Einsparung nicht-erneuerbarer Energieträger und fossiler

Brennstoffe nicht auf die Innovationsdynamik verzichten, die ein permanenter Preisdruck erzeugt.

Ganz sicher ist das sinnvoll, wenn man die globalen Anpassungsprozesse betrachtet. Es ist ja selbst für einen wohlmeinenden Diktator nicht vorstellbar, dass er Ländern mit ganz unterschiedlicher Kapitalausstattung einheitliche Vorschriften hinsichtlich des »Standes der Technik« macht, die jeweils einzuhalten sind. Immer würden alle Produzenten in entwickelten Ländern fordern, dass die beste auf der Welt vorhandene Technik einzusetzen ist. Die aber passt zu einem sehr einfachen Kapitalstock und damit verbundener einfacher Technik vermutlich überhaupt nicht. Eine weniger gute Technik einzusetzen, müsste dann von Land zu Land geprüft werden, um optimal den jeweiligen Produktionsbedingungen angepasst zu werden. Das ist schwer vorstellbar und würde zu einem großen Hauen und Stechen der Produzenten verschiedener Länder darüber führen, welche Technik bei ihnen tatsächlich ohne Nachteile gegenüber den Konkurrenten anderer Länder eingesetzt werden kann. Die reine Ordnungspolitik im Sinne von konkreten Verboten und Geboten kommt daher viel schneller an ihre Grenzen im Vergleich zum Instrument des Preises.

Preissignale sind unumgänglich

Gegen die im vorigen Abschnitt vorgelegte Argumentation wird vorgebracht, dass die Preiselastizität der Nachfrage nach fossilen Brennstoffen extrem gering sei – abzulesen an dem seit Jahrzehnten steigenden Verbrauch von Öl trotz steigender Ölpreise. Überhaupt reagiere die Nachfrage nach

Energie kaum auf Preiserhöhungen. Grund dafür sei zum einen, dass einen einmal eingeschlagenen technologischen Weg zu verlassen sehr teuer sei, weil man große Teile des Kapitalstocks dann abschreiben müsse. Daher brächten Preisveränderungen (vor allem allmähliche) praktisch nichts, um auf klimaverträglichere Energieträger umzusteigen. Zum anderen sei der Energiehunger der Menschheit quasi unbegrenzt, sodass Preiserhöhungen bei Energie ohnehin nichts nützten, um dem Klimawandel auf Dauer Einhalt zu gebieten. Vielmehr führten nur ordnungspolitische Ge- und Verbote zum Ziel, also Veränderungen der Rahmenbedingungen, innerhalb derer die Marktwirtschaft abliefe, nicht jedoch eine Nutzung des marktwirtschaftlichen Instruments »Preis« selbst.

An dieser Überlegung ist richtig, dass der Energiehunger der Menschheit tatsächlich unbegrenzt sein dürfte. Und zwar nicht nur, weil das Bedürfnis vorhanden ist, ganz konkret Muskelkraft und Arbeitszeit durch technischen Fortschritt einzusparen, um es bequemer zu haben, sondern auch, weil in der gewonnenen Freizeit Güter verbraucht werden und Aktivitäten nachgegangen wird, die Energie erfordern: Skifahren unter Benutzung von Skiliften, Urlaubsreisen mit den verschiedensten Fortbewegungsmitteln, aber auch Fotografieren mit aufwendig produzierten Digitalkameras, Open-Air-Konzerte mit stromverschlingenden Verstärkern et cetera – es gibt unendlich viele Beispiele. Insofern dürfte der Verbrauch von Energie auch bei steigenden Preisen zunehmen.

Nur: *Wie* stark er steigt, dürfte sehr wohl von der Preisentwicklung für Energie *im Verhältnis zu anderen Preisen* von Endprodukten und Vorleistungen abhängen. Werden Skiliftpässe sehr viel schneller teurer als Hotelübernachtungen, kommt manch ein Konsument auf die Idee, zwar noch in den Winterurlaub zu fahren, aber möglicherweise lieber Skilanglauf zu betreiben.

Doch mindestens so wichtig wie die Entwicklung des Energiehungers insgesamt ist die Überlegung, mithilfe welcher Energieträger er gestillt wird. Und da spielen die Relativpreise eine entscheidende Rolle. Werden Öl und Kohle im Vergleich zu erneuerbaren Energien oder zu Atomenergie *rasch und stetig* teurer, spricht nichts dafür, dass Produzenten und Verbraucher an Öl und Kohle unverändert festhalten werden. Wie schnell ein Umstellungsprozess vonstattengeht, hängt in der Tat davon ab, wie sich die Ordnungspolitik verhält.

Das Verbot, einen bestimmten fossilen Brennstoff zu fördern und zu verbrennen, setzt seinen Preis quasi von heute auf morgen auf unendlich und entwertet so schlagartig den gesamten Kapitalstock, der für seine Förderung und seine Nutzung als Energieträger aufgebaut worden ist. Um es platt zu sagen: Darf man nicht mehr Auto fahren, ist ein Auto nutzlos und damit wertlos. Das Gleiche gilt dann auch für Tankstellen. Wird mithilfe der Ordnungspolitik das Fahren von mit fossilen Brennstoffen betriebenen Autos hingegen nach und nach verteuert, verliert der entsprechende Kapitalstock nach und nach an Wert und alternative Antriebstechniken werden attraktiver. Wie schnell das geht, ist eindeutig eine Frage der Politik, nicht des Marktes.

Wer nur eine mit Ge- und Verboten arbeitende Ordnungspolitik für geeignet hält, den Klimawandel noch rechtzeitig in den Griff zu bekommen, der muss erklären, wie er diese Ordnungspolitik durchsetzen will. (Wir sehen hier von einer »Ökodiktatur« ab.) Auf demokratischem Weg dürfte das nämlich noch weniger gelingen, als die Zustimmung zu einer

Ordnungspolitik zu gewinnen, die auf kontinuierliche (wenn auch durchaus rasche) Preisveränderungen setzt. Schon diese letztere Politik hoffähig, also wählbar zu machen, ist bislang nicht gut gelungen – die Grünen können davon ein Lied singen. Wie sollte es dann mit einer Ge- und Verbotspolitik besser gehen?

Dieses Problem taucht aber nicht nur auf nationaler Ebene auf. Vielmehr besteht es vor allem auch auf internationaler Ebene, wie im letzten Abschnitt bereits angesprochen: Menschen in Ländern, deren ökonomische Basis gering ist, werden Ge- und Verboten bei Produktionsweisen und Verbrauch noch viel weniger zustimmen als Menschen in reicheren Ländern, weil für die ärmeren Länder die Verwendung ökologisch verträglicherer Technologien – relativ gesehen – wesentlich teurer sein dürfte als für die reicheren: Schließlich können arme Regionen die sofortige Entwertung eines Teils ihres Kapitalstocks noch weniger verkraften als reichere.

Ein internationaler Flickenteppich in der ökologisch motivierten Ge- und Verbotslandschaft hätte zur Folge, dass die Produktion in solche Länder abwandert, in denen hohen Ge- und Verbotsstandards nicht zugestimmt wird. Dem Wettbewerb unter den Nationen um Unternehmen mittels Umweltdumping wäre Tür und Tor geöffnet. Nationen, deren Bevölkerung mehrheitlich großen Wert auf Umweltschutz legt, hätten das Nachsehen und gerieten über ihre Arbeitsmärkte so schnell unter Druck, dass es mit der Bereitschaft der Bevölkerung, ökologisch verantwortungsbewusst zu produzieren und zu leben, bald ein Ende hätte.

Mit anderen Worten: Staatlich gesteuerte Preisentwicklungen bieten im Vergleich zu Ge- und Verboten die besseren Möglichkeiten, sich anzupassen, weil sie den Menschen

Raum lassen, praktikable Lösungen auf individueller und nationaler Ebene zu finden.

»Alles schön und gut«, würde der oben zitierte Kritiker nun vermutlich einwenden, »aber die Empirie spricht gegen eure Überlegungen: Öl ist teurer geworden in den letzten sechzig Jahren und trotzdem wird heute mehr gefördert und verbraucht als in früheren Jahrzehnten. Die Menschen reagieren eben nicht auf Preise, sie passen sich nicht an. Daher muss man sie zu ihrem Glück, sprich zu ökologischer Vernunft, zwingen und lieber für eine entsprechend radikale Ge- und Verbotspolitik werben, als sich mit langwierigen Preisüberlegungen aufzuhalten, die doch zu nichts führen.«

Der reale Ölpreis

Die Frage, die sich stellt, ist, ob die Behauptung bezüglich des Ölpreises überhaupt stimmt. Zwar ist der Ölpreis absolut gestiegen, die relevante Frage ist jedoch, ob er im Verhältnis zu unseren Einkommen gestiegen ist.

Die relativen, nicht die absoluten Preise sind, insbesondere in einem globalen Maßstab, entscheidend dafür, wie wir in Zukunft Energie erzeugen. Nur wenn die relativen Preise von fossiler Energie stetig steigen und für lange Zeit stärker steigen als die durchschnittlichen Einkommen auf der Welt, kann man damit rechnen, dass es systematisch und effektiv gelingt, Kohlenstoff als Energiequelle weit genug zur Erreichung der Klimaziele aus der Energieproduktion auszuschließen.

Daher war die Aussage von Christiana Figueres, der Chefin des Klimaprogramms der Vereinten Nationen, der Pariser Deal werde auf keinen Fall eine Einigung auf einen Preis für

Kohlenstoffe bringen, gleichbedeutend mit der Aussage, es werde kein Ergebnis geben, das relevant für das Weltklima ist.[4] Dass Frau Figueres das abstreitet, musste man erwarten, weil sie vermutlich weiß, wie gering die Chancen generell sind, über Preise auch nur ernsthaft zu reden.

»Aber ist der Ölpreis nicht über viele Jahre gestiegen und liegt heute höher als in den Siebzigerjahren«, wird man entgegenhalten. Es gab doch schließlich zwei große Ölpreisschübe in den Siebzigerjahren und eine kräftige Erhöhung in den letzten Jahren. Errechnet man aber einen realen Ölpreis, also einen Ölpreis, der mit dem Verbraucherpreisindex der großen Wirtschaftsräume deflationiert wurde, sieht das Ergebnis anders aus.

Es ist für viele Beobachter sicher frappierend, aber der reale Preis pro Barrel Rohöl liegt heute mit vier US-Dollar nicht viel höher als zu Beginn der Siebzigerjahre, aber wesentlich unter dem Preis, den es zu Beginn der Achtzigerjahre schon einmal gab. Auch der – vor allem spekulationsbedingt – starke Anstieg des nominalen Preises auf über hundert Dollar erweist sich in dieser Betrachtung doch als sehr harmlos.[5] Mit anderen Worten, von Seiten des Ölpreises (was sicher in noch schärferer Form für den Kohlepreis gilt) gab es in den letzten vierzig Jahren insgesamt eigentlich überhaupt keinen Anreiz, fossile Brennstoffe einzusparen. Deswegen ist es eigentlich auch vollkommen einleuchtend, dass die Sparversuche in Form von effizienteren Automotoren zum Beispiel immer wieder durch Mengenausweitung (etwa durch den Absatz von Automobilen oder die gefahrenen Kilometer) ausgeglichen oder sogar mehr als ausgeglichen worden sind.

Der wahre Umweltskandal ist die Tatsache, dass der reale Ölpreis heute nicht höher als 1970 ist, also vor der ersten

Ölkrise. Dieser Preis ist mit Abstand das wichtigste Markt-Signal, das eine von den Staaten durchgesetzte Klimapolitik aussenden müsste. Vergleicht man jedoch die Belastung der privaten Haushalte in Deutschland durch die Kosten für Treibstoff im Jahr 2016 mit der des Jahres 1970, kann man sich nur an den Kopf fassen. Bei einem Durchschnittseinkommen von umgerechnet 7000 Euro pro Jahr zahlte man 1970 für zehn Liter Benzin umgerechnet etwa 2,50 Euro, also ganz knapp vierzehn Prozent vom täglichen Einkommen. Im Jahr 2016, bei einem Einkommen von 33000 Euro, sind es genau vierzehn Prozent! In den USA ist es genauso, nur das absolute Niveau der Belastung ist in etwa halb so hoch.

Man stelle sich das vor: Mehr als vierzig Jahre lang wird den Menschen erzählt, man müsse sich umstellen, das fossile Zeitalter gehe zu Ende. Und nichts, absolut nichts ist passiert in Sachen eines klaren Signals, dass es wirklich zu Ende geht.

So betrachtet, begänne der Versuch einer wirklich ökologischen Umsteuerung der Wirtschaft erst jetzt, wenn wir nämlich in der Lage wären, von Seiten der Nachfrage und von Seiten des Angebots dafür zu sorgen, dass der Preis für fossile Rohstoffe endlich zu steigen beginnt, und zwar nicht nur vorübergehend, sondern für die nächsten paar hundert Jahre. Darüber aber wurde in Paris nicht einmal gesprochen.

Die Vereinten Nationen haben sich nämlich bei ihrer Klimaarbeit von vorneherein ein falsches Ziel gesetzt. Sie haben sich vor der wirklich schwer zu erreichenden globalen Preisintervention bei fossilen Brennstoffen gedrückt und haben sich die Selbstverpflichtung der einzelnen Staaten in Sachen Einhaltung bestimmter Grenzwerte beim CO_2-Ausstoß zum Ziel gesetzt. Das aber ist nicht nur eine politisch-taktisch falsche Entscheidung, sondern auch ökonomisch unsinnig. Die

Einsparung von fossiler Energie ist nämlich genau dann für den Einzelnen (und auch für ein einzelnes Land) sinnvoll, wenn er oder sie erwarten kann, dass das alle tun. Warum sollte ein Land die Kosten der Umstellung von Öl und Kohle auf erneuerbare Energien tragen, wenn zu vermuten ist, dass bei unveränderten Preisen für diese fossilen Rohstoffe andere Länder das nicht tun? Es wird ja sogar so sein, dass der Rohstoff billiger wird, wenn ein Land sparsam damit umgeht, also weniger verbraucht. Das ist ein unmittelbarer Anreiz für die anderen, mehr davon zu verbrauchen.

Was erstaunlicherweise kaum verstanden wird: Es gibt einen Markt für alle diese Rohstoffe und die Aufgabe des Marktes ist es nun mal, alles, was an Angebot auf diesen Markt kommt (also alle fossilen Rohstoffe, die aus der Erde geholt werden), auch zu verkaufen (den Markt zu räumen, nennt man das). Das aber schließt genau das Verhalten als vernünftig aus, was wir unseren Verbrauchern einzuhämmern versuchen. Wenn bei flexiblen Marktpreisen eine Gruppe von Verbrauchern aus Einsicht und Überzeugung auf den Verbrauch fossiler Rohstoffe verzichtet, sorgt der globale Markt sofort dafür, dass woanders mehr verbraucht wird. Die Überzeugungstäter strengen sich an, ohne je Erfolg haben zu können. Wenn in Europa die Glühlampen ausgewechselt werden, um Strom zu sparen, ist das genauso ein reiner Placebo-Effekt wie die Versuche, das Autofahren in Europa umwelt- und klimafreundlicher zu machen.

Markträumung ist genau das, was wir von normalen Gütermärkten (nicht vom Arbeitsmarkt!) recht zuverlässig erwarten können. Deswegen macht jede Anstrengung nur dann Sinn, wenn es eine globale Anstrengung ist. Eine globale Anstrengung aber gibt es nur, wenn es auch eine globale Preissteuerung gibt. Und es ist eine grandiose Illusion zu glauben, eine globale Selbstverpflichtung für eine quantitative Einschränkung bei flexiblen Preisen könne das ersetzen. Bei der Selbstverpflichtung würde sich bei fallenden Preisen alle Welt über niedrige Spritpreise freuen und jede Einsparungsanstrengung vergessen.

Würde durch politische Überzeugungsarbeit nach dem Klimagipfel wirklich viel Öl eingespart, würde der Ölpreis weiter sinken und die Verbraucher würden darauf früher oder später mit Mehrverbrauch reagieren. Man muss ja nur zur Kenntnis nehmen, wie sich Politiker und Verbraucher immer wieder über einen Rückgang des Ölpreises freuen – übrigens auch dann, wenn just zu dem Zeitpunkt eine große Klimakonferenz stattfindet. Niemand kann bei einer nationalen Selbstverpflichtung verhindern, dass sich auf der Mikroebene rasch das falsche Verhalten wieder durchsetzt, sobald der Ölpreis sinkt.

Ja, man muss es so brutal sagen: Es ist der Markt, der in diesem Fall verhindert, dass eine angemessene Lösung gefunden wird. Die Markträumung steht der Mikrologik entgegen, die den Bürgern allzu häufig als Lösung verkauft wird. Bei uns fühlen sich viele wohlmeinende Bürger als Weltretter, als gute und verantwortungsbewusste Menschen, wenn sie immer schön die Lichter löschen und mit dem Fahrrad statt dem Auto zur Arbeit fahren. Sie retten die Welt aber leider überhaupt nicht. Irgendwo auf der Welt verwendet genau deswegen jemand mehr fossile Brennstoffe, weil sie darauf verzichtet haben. Ein gutes Gewissen mag man sich mit seinem Verantwortungsbewusstsein schaffen, mit ökologischer Vorsorge hat es nichts zu tun.

Ich muss an der Stelle noch die wahre Geschichte des Emirs aus dem Morgenland erzählen, der zu seinem Privatvergnügen 300 Rennpferde in der Wüste hält. **Jeden Tag** braucht er für diese Pferde ein ganzes Flugzeug mit Futter aus den USA und ein weiteres Flugzeug mit Stroh aus Australien, um die Tiere angemessen zu versorgen. Von der Klimaanlage im Stall und allem Übrigen gar nicht zu reden. In den ökologischen Fußabdruck dieses einen Emirs passen vermutlich zehn Millionen Inder. Als aber bei einer Klimakonferenz (man merke auf: Klimakonferenz beim Klimakiller) im Land des Emirs gefragt wurde, wie das Land dazu stehe, dass sein Verbrauch an fossilen Rohstoffen pro Kopf der Bevölkerung höher sei als in jedem anderen Land der Erde, da sagte der Energieminister dieses Landes, man lehne eine Pro-Kopf-Betrachtung grundsätzlich ab.

Wie steuert man die Preise?

Wie aber kann man angesichts des im vorherigen Abschnitt beschriebenen Mechanismus der Markträumung überhaupt dafür sorgen, dass global weniger fossile Brennstoffe verbraucht werden? In der Diskussion ist ja oft schon unklar, ob es für die Einsparung von Öl zum Beispiel besser ist, wenn der Ölpreis hoch oder wenn er möglichst niedrig ist. Das klingt wie eine Frage, die von Kindern im Kindergarten gestellt wird, aber so einfach ist es gar nicht. Es ist aber in der Tat die entscheidende Frage, um die es geht, weil nur dann, wenn man wirksame Instrumente hat, man auch global gesetzte Ziele erreichen kann.

Über die Frage, wie sich Preise von nicht-erneuerbaren Ressourcen im Zeitablauf entwickeln könnten, sind viele Überlegungen angestellt worden, ohne dass es praktisch verwendbare Ergebnisse gäbe. So ist zum Beispiel die am meisten diskutierte Regel, die sogenannte Hotelling-Regel, nach der die Produzenten mit einer kontinuierlichen Preisentwicklung rechnen und sich unter anderem am Zins für alternative Anlagen orientieren,[6] für die Wirklichkeit total unbrauchbar, weil die Produzenten von ganz anderen Motiven geleitet werden, als dort unterstellt, und vor allem, weil praktisch in jeder Hinsicht hohe Unsicherheit besteht und all die Variablen, die man kennen müsste, um rational zu handeln, nicht bekannt sind.

Die Unsicherheit geht schon bei der Frage los, über wie viele Ressourcen der jeweilige Produzent noch verfügt, das heißt beim Öl zum Beispiel, wie viel davon noch in der Erde lagert. Selbst hier kommt es nämlich zu unvorhersehbarem technischen Fortschritt, der die verfügbaren Ressourcen dramatisch erhöhen kann. Man muss nur an das Beispiel Fracking denken oder die Möglichkeit, vertikal zu bohren, die vielen Ölländern Lagerstätten erschlossen hat, die vorher unerreichbar waren. Angesichts dieser Unsicherheit ist die Neigung, sehr viel zu produzieren und die Ressourcen nicht zu schonen, sehr hoch. Hinzu kommt, dass die meisten Rohstoffproduzenten davon ausgehen, dass sie die heutigen und die zu erwartenden Erträge so intelligent einsetzen, dass sie dann, wenn einst die Quellen versiegen, über eine diversifizierte Wirtschaft verfügen, die nicht mehr von Rohstofferträgen abhängig ist.

Aber auch ganz kurzfristige Erwägungen spielen selbstverständlich eine Rolle. Ist eine Volkswirtschaft sehr weitgehend von Rohstofferlösen abhängig, muss sie in der Regel auf Preisrückgänge mit einer Steigerung der Produktion reagieren, selbst wenn zu erwarten ist, dass dadurch der Preisrückgang noch einmal verstärkt wird. Vollkommen unberechenbar wird das Geschäft mit Rohstoffen, wenn es starke Finanzialisierung gibt, also starken Einfluss der Finanzmärkte auf die Rohstoffpreise. Gerade jetzt kann man das wieder beobachten,[7] aber es ist ein allgemeines Phänomen der vergangenen fünfzehn Jahre.[8]

Diese wenigen Faktoren deuten das Dilemma schon an, vor dem die Welt steht. Einerseits ist es keine Frage, dass man nur durch hohe Preise die Verbraucher dazu bringt, sparsam mit den Rohstoffen umzugehen, andererseits ist auch klar, dass hohe Preise einen permanenten Anreiz bieten, mehr von den Rohstoffen, deren Nutzung man im Fall der fossilen Energieträger vermindern will, zu fördern. Was tun?

Nun, zunächst geht kein Weg daran vorbei, zur Kenntnis zu nehmen, dass es eine Lösung über den Markt oder die Märkte nicht gibt. Auf der Konsumenten- oder Nachfrageseite wird als Lösung die CO_2-Steuer angesehen, also eine Besteuerung aller fossilen Energieträger auf den wichtigsten Märkten der Nachfrager. Es ist von vorneherein klar, dass eine solche Steuer nicht das gewünschte Ergebnis erbringen kann, wenn sich nicht alle wichtigen Nachfrager darauf einigen. Das aber bedeutet heute, dass sich Länder in ganz unterschiedlichen Entwicklungsstadien auf die gleiche Vorgehensweise einigen müssten. Schon das ist äußerst unwahrscheinlich.

Die Dinge sind aber leider noch wesentlich komplizierter. Denn was passiert auf der Seite der Anbieter? Alles spricht dafür, dass die Rohstoffproduzenten, wenn man sie allein lässt, alles, was sie bekommen können, aus ihrer Erde herausholen. Dies machen sie aus den oben genannten Gründen auch dann, wenn der Preis hoch ist. Dann ist aber jede Steuer, die von den nachfragenden Ländern erhoben wird, um den

Preis hoch zu halten und die Nachfrage zu verringern, ein direkter Angriff auf die »Rente« der Produzenten, also den Teil des Ertrages, den sie dadurch bekommen, dass die Preise höher als ihre Förderkosten sind. Wird der Preis für die Kunden hoch gehalten, ohne mengenmäßige Beschränkungen des Angebots einzuführen, wird der am Markt zu erzielende Preis umso mehr sinken, je erfolgreicher die Nachfrageländer mit der Zurückdrängung der Nachfrage sind, denn die geförderte Menge wird am Ende doch abgesetzt. Die Nachfrageländer müssen dann dauernd die Steuer erhöhen, um ein Absinken des Preises zu verhindern, was die Rente der Produzenten immer weiter schrumpfen lässt und womöglich wütende Versuche auslöst, mit noch größerer Produktion die Erträge hoch zu halten.

Der einzige gangbare Weg, den man sich vorstellen könnte, um Ressourcen zu schonen, wäre eine globale Vereinbarung, die darauf hinausläuft, dass die Nachfrageländer alles tun, um die Preise stabil und hoch zu halten. Das müssen natürlich alle Produzenten mitmachen, es darf also keine Konkurrenzsituation wie beim Fracking von Seiten der Nachfrageländer geschaffen werden. Das heißt, niemand darf in Reaktion auf die günstige Preissituation mit einer Ausweitung der Produktion reagieren, sondern alle müssen sich verpflichten, immer nur so viel fossile Rohstoffe aus der Erde zu holen, wie es mit den Klimazielen in Übereinstimmung steht. Das bedeutet eine vollständige Aufhebung der heutigen Marktkonstellationen und natürlich die strikte Verhinderung des Einflusses jeder Art von Spekulation auf Rohstoffpreise.

Ist das realistisch? Die Antwort ist nein, jedenfalls solange keine gewaltigen Katastrophen passieren, die eindeutig auf den Klimawandel zurückzuführen sind. Was man von den Politikern aber verlangen muss, ist, dass sie sich mit dieser Thematik intensiv auseinandersetzen und nicht vollkommen unbegründeten Optimismus nach dem Motto verbreiten: Wenn wir uns auf Ziele geeinigt haben, ist schon alles gut. Nichts ist gut und Optimismus hilft überhaupt nicht weiter, sondern schadet, weil er konkrete Versuche, die Dinge doch noch in den Griff zu bekommen, von vorneherein verhindert.

Wie kann man andere Länder überzeugen?

Was nach all den vorangegangenen Erörterungen bleibt, ist die Frage, ob und wie man Menschen, die auf der Erde unter vollkommen unterschiedlichen Bedingungen leben und arbeiten, dazu bringt, sich in ähnlicher Weise für Umweltschutz und für Fragen wie den Klimawandel zu interessieren und Schlussfolgerungen für ihr Verhalten daraus zu ziehen.

Als ich vor vierzig Jahren im Gefolge des Beginns der Nullwachstumsdiskussion in meiner Diplomarbeit zum ersten Mal etwas zu diesem Problem schrieb, war mein Ansatz, danach zu fragen, ob Umweltschutz in die Reihe der normalen Bedürfnisse des Menschen eingereiht werden kann – unabhängig davon, wie hoch ihr Lebensstandard ist. Meine Antwort von damals war ein entschiedenes Nein, und ich glaube auch heute noch, dass es die richtige Antwort war.

Ziel des normalen wirtschaftlichen Verhaltens des Menschen ist die Verbesserung seiner Lebensumstände. Zunächst geht es um die grundlegende Versorgung mit Lebensmitteln, dann um eine angemessene Unterkunft und so weiter. Mit der Industrialisierung ergab sich die Möglichkeit, den Lebensstandard allgemein zu erhöhen und in Segmente der Warenversorgung vorzudringen, die man als Luxuskonsum oder Luxusinfrastruktur bezeichnen kann. Bevor der normale Bürger diese Segmente erreicht hat, spielen öffentliche Güter im Bereich des Erhalts der natürlichen Lebensgrundlagen keine große und prominente Rolle in der Bedürfnisskala, jedenfalls solange keine Katastrophen passieren, die die Versorgung mit den normalen Gütern beeinträchtigen.

Erst wenn für viele Menschen ein Niveau der Versorgung erreicht ist, bei dem sie sich nicht mehr jeden Tag Gedanken machen müssen, wie sie über die Runden kommen, öffnet sich ihre Präferenzordnung für Dinge wie Umwelt- oder Klimaschutz. Es ist kein Zufall, dass die Umweltbewegung in den Siebzigerjahren begann, sondern Ergebnis eines solchen Prozesses. Nach zwei Jahrzehnten extrem erfolgreichen Wirtschaftens, das der Masse der Menschen ein Niveau der Versorgung mit normalen Gütern gesichert hatte wie niemals zuvor, realisierte man, dass diese Art des Wirtschaftens enorme negative Folgen für die natürliche Umwelt hatte.

Der letzte Satz ist nicht ganz richtig, weil er so klingt, als habe sich auf einmal die rationale Einsicht des Menschen (im Norden und Westen dieser Welt) in die Zusammenhänge ergeben und dann habe man sich geändert beziehungsweise war bereit, sich zu ändern. Es war eher so, dass die Erfüllung und Übererfüllung vieler Wünsche auf der normalen Präferenzskala die Menschen nach neuen Bedürfnissen suchen ließen und die fanden sich, weil die natürliche Umwelt tatsächlich geschädigt war, da, wo man sie zwei Jahrzehnte vorher niemals gesucht hätte.

Auch in den Fünfziger- und Anfang der Sechzigerjahre gab es schon Bücher, die eindringlich vor zunehmender Umweltzerstörung warnten, es hörte aber niemand darauf, weil alles andere noch viel wichtiger war. Mikroökonomen würden sagen: Der sinkende Grenznutzen beim Verbrauch der normalen Güter machte den Weg frei für neue Güter und diese lagen schwerpunktmäßig im Bereich öffentlicher Güter wie Umweltschutz. In der Soziologie der Siebzigerjahre nutzte man das Konzept der Hintergrunderfüllung: Alle Güter, deren Verfügbarkeit groß ist, treten in den Hintergrund und machen Platz frei für neue »Bedürfnisse«.

Überträgt man diese Überlegungen auf die globale Wirtschaft, ergibt sich allerdings eine erhebliche Schwierigkeit für die Möglichkeiten, eine globale Umweltpolitik zu betreiben. Da die Menschen weiterhin sehr unterschiedliche Chancen haben, die normalen Bedürfnisse abzudecken, kann man auch nicht unterstellen (oder gar verordnen), dass sie vergleichbare Bereitschaft haben, sich für Umwelt- oder Klimaschutz zu engagieren.

Das Problem der Entwicklungsländer mit den Vorstellungen der Industrieländer über Klimaschutz besteht darin, dass sie im wahrsten Sinne des Wortes in einer anderen Welt leben, in einer Welt nämlich, in der es viel schwerer ist, den Menschen zu erklären, die Rettung des Planeten gehöre auf die Tagesordnung. Das ist aber nicht so, wie manche von sich selbst so ungeheuer überzeugte Nordmenschen glauben, weil die Politiker im Süden uneinsichtig sind. Es ist so, weil man Menschen, die jeden Tag dafür kämpfen müssen, sich angemessen zu ernähren, nur schwer erklären kann, dass sie auf das Wenige auch noch verzichten müssen, weil es wegen Klima- oder Umweltschutz teurer wird.

Das heißt, die Kosten der Verhinderung des Klimawandels können in einem Entwicklungsland im Süden – in Geldeinheiten ausgedrückt – viel niedriger als im Norden sein. Ausgedrückt in dem Verzicht, den die Menschen leisten müssen, um sich dieses für sie unnötige Gut zu kaufen, sind sie jedoch sehr viel höher. Und dort, wo Menschen tagtäglich um ihr Überleben kämpfen, sind sie unendlich hoch.

Daraus folgt, dass nur eine erfolgreiche allgemeine Wirtschaftspolitik, eine Politik, die den Lebensstandard der Bürger deutlich erhöht, die Voraussetzungen dafür schafft, dass sich die Menschen und die Politiker in den Entwicklungsländern unseren Maßstäben annähern und bereit sind, einen Teil der verfügbaren Güter wieder aufzugeben, wenn es zur Rettung des Planeten notwendig ist.

Genau hier aber liegt das zentrale Problem der nördlichen Einflussnahme auf die südliche Wirtschaftspolitik. Seit den Siebzigerjahren werden den Entwicklungsländern systematisch die falschen Rezepte zur Belebung ihrer Wirtschaft angedient und aufgedrängt. Seit dem Beginn der neoliberalen Revolution ist es – außer in einigen asiatischen Ländern einschließlich Chinas, die fast immer eigenständige Konzepte verfolgten – nirgendwo mehr systematisch gelungen, ein Wirtschaftswunder in Gang zu setzen, das die Voraussetzungen für Umwelt- oder Klimaschutz entscheidend verbessert hätte. Vielmehr ist die Geschichte der Entwicklungspolitik eine Geschichte des westlichen Versagens, weil sich die Konzepte à la Washington-Konsens (also Neoliberalismus gepaart mit Monetarismus) niemals als erfolgreich erwiesen haben.

Wenn man heute im Norden davon spricht, man müsse den Entwicklungsländern auch im Sinne des Klimaschutzes helfen, ihre Wirtschaften aufzubauen, dann empfinden das viele Länder zu Recht als Drohung. Wir, und das gilt insbesondere für Europa, sind ja nicht einmal in der Lage, unsere eigenen Wirtschaften funktionsfähig zu halten. Europa verharrt seit der großen Finanzkrise in Deflation und Arbeitslosigkeit zugleich. Wieso sollen ausgerechnet wir in der Lage sein, für Länder, in denen völlig andere soziale und kulturelle Bedingungen herrschen, Rezepte zu entwickeln, die wirksam sind, die Unterernährung zu beenden (aber eben nicht durch Lebensmittellieferungen, sondern durch Hilfe zur Selbsthilfe) und der Masse der Menschen eine Perspektive zu bieten, die es erlaubt, in ihnen auch andere Präferenzen als die der reinen Güterversorgung zu wecken?

Insgesamt bedeutet das, dass es ohne eine erfolgreiche Wirtschaftspolitik im globalen Rahmen auch keine erfolgreiche Klima- und Umweltpolitik geben wird. Einer erfolgreichen Wirtschaftspolitik steht aber die neoliberale Ausrichtung eines Großteils der Ökonomen und der Politik entgegen. Bis es hier zu einer Wende kommt, wird es, nach allem, was wir wissen, noch lange dauern. Deswegen dürfen sich auch die Klimapolitiker aller Ausrichtungen nicht zu schade sein, sich mit ökonomischen Fragen zu beschäftigen. Auch hier gilt, wer sich der Mehrheit der Ökonomen anvertraut, ist verloren.

IV. Was zu tun ist

Die deutsche Energiewende und die globale Klimapolitik

Ich habe oben dargelegt, dass die Schwachstellen der deutschen Energiewende nicht zu übersehen sind. Zwar wird reklamiert, es gebe durchaus technische Lösungen, die auch lange Dunkelflauten überwinden helfen. Doch die sind noch wenig ausgereift und noch sehr lange nicht verwirklicht. Ob sich die deutsche Variante der Verminderung von CO_2, der bisher noch kein einziges großes Land gefolgt ist, in ein globales Konzept zur Verminderung des CO_2-Ausstoßes einfügt, bleibt zudem eine vollkommen offene Frage.

Interessant ist, dass auch bei vielen Befürwortern der Energiewende immer mehr Skepsis durchscheint, ob die vorhandenen Technologien zum Ausgleich von starken Leistungsschwankungen der Erneuerbaren schon bald einsetzbar zur Verfügung stehen oder doch eher Zukunftsmusik sind. Auch die Bundesregierung, die aus Prinzip optimistisch sein muss, ist offenbar von der Realität der Erneuerbaren beeindruckt. Nur so kann man erklären, dass sie den Ausbau der Erneuerbaren schleifen lässt und damit riskiert, dass die gesamte Branche in dramatisch schlechtes Fahrwasser gerät. Einige

Befürworter der Energiewende sagen inzwischen ganz offen, dass dann, wenn man auf Atomkraft verzichtet (was ich ohne jede Wertung sage!), fossile Energie noch viele Jahre oder gar Jahrzehnte auch im Bereich der Kraftwerke zur Stromerzeugung gebraucht werde.

Das wirft dann allerdings ein globales Problem auf, das ich oben angedeutet habe, aber politisch in Deutschland überhaupt keine Rolle spielt. Aus rein ökonomischen Gründen war immer klar, dass eine Energiewende in einem Land der Welt das globale Problem der Verbrennung fossiler Stoffe nicht lösen kann. Wie schon mehrfach klargestellt, führt in einem funktionierenden Markt der Minderverbrauch an einer Stelle zwingend zu einem Mehrverbrauch an anderer Stelle, weil der Markt bei einem geringeren Verbrauch eines Konsumenten das aus der Erde gewonnene Öl oder Kohle und Gas mithilfe von Preissenkungen an die übrigen Konsumenten bringt.

Insofern gibt es keinen »Beitrag«, den ein Land (oder gar irgendeine kleinere Einheit wie ein Haushalt oder eine Privatperson) zur globalen Energiewende leisten kann, solange es diesen Markt gibt. Dieser Markt wird jederzeit geräumt, wie die Ökonomen sagen. Und wer das nicht will, muss, wie oben erläutert, nicht weniger tun, als ein globales Regime zur Kontrolle und Steuerung dieses Marktes mit allen Konsequenzen schaffen. Das tut bisher aber niemand und auch in Paris, beim Beschluss über die letzten »großen« Entscheidungen im Dezember 2015, hat es niemand getan, ja, man hat nicht einmal darüber geredet.

Insofern war das Beste, was man bisher zur deutschen Energiewende aus einer globalen Perspektive sagen konnte, dass es sehr wichtig sein kann, dass ein Land einmal zeigt, ob und wie eine solche Energiewende möglich ist. Das ist ein durchaus wichtiges Argument und sollte nicht kleingeredet werden. Auch dafür könnte es lohnend sein, in einem reichen Land sehr viel Geld in die Hand zu nehmen.

Doch wenn es so ist, dass auch Deutschland seine Energiewende über viele Jahre oder Jahrzehnte nur dadurch absichern kann, dass es konventionelle Kraftwerke mit fossilen Brennstoffen vorhält, dann bricht leider auch dieses Argument in sich zusammen und die Energiewende wird unfassbar teuer, weil man praktisch nichts dafür erhält. Denn wenn die gesamte Welt sich Deutschland zum Vorbild nähme und auf erneuerbare Energien setzte, gleichzeitig aber auch (wiederum, wenn Atomkraft ausscheidet) die fossile Energie als Auffanglösung brauchte, dann braucht man auch weiterhin einen funktionierenden Markt für fossile Energieträger.

Diesen Markt und die dazugehörige globale Infrastruktur kann die Welt aber nicht für acht Monate auf quasi null fahren und dann, wenn man ihn wegen Dunkelflaute und anderer Gründe braucht, schnell wieder hochfahren. Diesen Markt, die Förderung von Öl, Kohle und Gas und die gesamte gewaltige dazugehörende Logistik, hat man oder man hat ihn nicht. Wenn man ihn aber hat, dann werden die geförderten Rohstoffe entweder sofort verbraucht oder die Welt braucht zwingend die oben erwähnte globale und staatliche Steuerung und Sicherung dieses Marktes (auf der Angebots- und auf der Nachfrageseite, was heißt, über Besteuerung der Nachfrage und über Rationierung des Angebots), über die heute die internationale Politik nicht einmal bereit ist zu reden, geschweige denn ernsthaft zu verhandeln.

Auch hier gibt es folglich eine sehr interessante »fallacy of composition« (also eine Schlussfolgerung, die von Eigenschaften eines Teils des Systems fälschlicherweise auf Eigenschaften des gesamten Systems schließt): Ein Land kann sich bei seiner Energiewende hin zu erneuerbaren Energieträgern durchaus darauf verlassen, dass immer genügend fossile Energie zur Verfügung steht, um Schwankungen bei der Produktion erneuerbarer Energien auszugleichen – die Welt kann das jedoch nicht! Für die Welt bleiben dann beim heutigen Stand der Technik nur die Atomkraft (wiederum ohne Wertung) und die Hoffnung, dass noch weit vor dem natürlichen Ende des fossilen Zeitalters (der Erschöpfung aller fossilen Ressourcen) eine ganz andere sichere Energiequelle zur Verfügung steht.

Doch machen wir uns nichts vor, solange es eine solche Energiequelle nicht gibt, wird niemand auf dieser Welt (außer dem »globalen grünen Diktator«) verhindern, dass fossile Energieträger in großem Ausmaß verbrannt werden, ganz gleich, wie viele internationale Abkommen geschlossen werden, in denen sich (einige oder fast alle) Länder verpflichten, den CO_2-Ausstoß zu verringern. Gemessen an den Vorstellungen der Klimaforscher, die eine rasche absolute Verminderung des CO_2-Ausstoßes erreichen wollen, ist die derzeit global betriebene Politik einfach nicht geeignet, das zu tun, was man tun müsste, um eine globale Erwärmung zu verhindern.

Das sind keine optimistischen Aussichten für eine globale Klimastabilisierung. Doch es nützt nichts, sich mit Illusionen zu behelfen, wenn es keine guten Argumente dafür gibt. Die Internationale Energieagentur (IEA) berichtet, dass der globale Ausstoß von CO_2 in den vergangenen drei Jahren etwa konstant hoch geblieben, also nicht weiter gestiegen ist.[1] Ob das Anlass zum Optimismus ist, kann derzeit nicht klar gesagt werden, da auch die IEA in Rechnung stellt, dass in China, wo die Emissionen um ein Prozent sanken, große Kapazitäten von Atomkraft ans Netz gehen und auch Wasserkraft verstärkt eingesetzt wird.

Man muss hierbei vor allem auch berücksichtigen, dass die globale wirtschaftliche Entwicklung recht schwach war (insbesondere die industrielle Entwicklung). Die drei Prozent BIP-Wachstum, die global errechnet werden, muss man mit großer Vorsicht genießen, da sie die globale Industriedynamik nicht abbilden. Auch in Europa, wo es in den vergangenen Jahren eine geringe Verminderung des CO_2-Ausstoßes gab, muss man zur Kenntnis nehmen, dass es in den letzten fünf bis sechs Jahren eine extrem schwache wirtschaftliche Entwicklung gab (auch hier vor allem in der Industrie), die man aus wirtschaftlichen und sozialen Gründen nicht so fortschreiben darf.

In jedem Fall ist eine drastische absolute Verminderung des Ausstoßes von CO_2 aus der Verbrennung fossiler Rohstoffe (andere Quellen gibt es dann immer noch) bis 2050, wie das von vielen Klimaforschern für notwendig gehalten wird (man redet sogar von Null-Emissionen aus der Verbrennung), vollkommen ausgeschlossen. Dazu müsste, wie gesagt, sehr rasch eine globale Energiewende in Richtung erneuerbare Energieträger in Gang kommen, die fast nirgendwo zu sehen ist. Zudem müsste ein globales und radikales Management des Marktes für fossile Energie installiert werden, das man sich nicht einmal traut, intellektuell vorzubereiten.

Auch in der Bundesregierung scheinen sich, vermutlich unter dem Druck der Wirtschaft, die Urteile über die Energiewende erheblich zu bewegen. Wenn auch nur halbwegs stimmt, was die *Welt* berichtete, dass man nämlich selbst im

Bundeskanzleramt nationale Ziele für falsch hält, dann bedeutet das ohne Zweifel, dass auch Deutschland das Tempo der Umstellung auf erneuerbare Energien verlangsamt.[2]

Es ist aber absolut notwendig, dass die Regierung der Bevölkerung reinen Wein einschenkt, statt immer wieder neue Nebelkerzen zu werfen. Insbesondere ist vollkommene Klarheit über die langfristige nationale und internationale Strategie notwendig, bevor man in manchen Bereichen, wie etwa bei der Umstellung der Fahrzeuge auf Elektroantrieb, weit in die Zukunft reichende Investitionsentscheidungen anregt oder gar erzwingt. Die Prämie für Elektroautos hat bei Weitem nicht das erreicht, was man erwartete.[3] Das sollte Warnung sein, nicht weiter mit halbgaren Konzepten eine Entwicklung voranzutreiben, derer man sich selbst nicht sicher ist.

Eine große Konfusion herrscht in der gesamten Energiedebatte weiterhin darüber, ob und inwieweit man »dem Markt« die Entdeckung der richtigen Preise für Energieträger überlassen kann. Das gilt nicht nur für die fossilen Energieträger, sondern auch für Strom. Manch einer meint, man könne es nun, nachdem der Staat einen Anschub für die vermehrte Nutzung erneuerbarer Energien gegeben habe, weitgehend dem Markt überlassen, den richtigen Strompreis zu finden.

Nichts ist weiter von der Realität entfernt als eine solche Vorstellung. Man sieht schon heute, dass ein »freier« Strompreis vollkommen verwirrende und irrationale Signale gibt. Negative Preise an den Strombörsen, wie sie seit der Energiewende immer wieder vorgekommen sind, signalisieren den Anbietern von herkömmlich hergestelltem Strom, dass ihr Produkt weniger als nichts wert ist, und fordern sie daher implizit dazu auf, die Produktion dieses Produktes sofort einzustellen. Das aber ist politisch gar nicht gewollt, weil dann die Volatilität der erneuerbaren Energieträger ja voll durchschlagen würde und Blackouts nach sich ziehen könnte. Wenn das aber nicht gewollt ist, kann man nicht auf die Signale des Strommarktes setzen, ja man muss sie im Grunde verhindern.

Das heißt natürlich, dass ein Industrieland wie Deutschland noch sehr viel mehr tun müsste, um eine wirkliche Wende zu erreichen. Man braucht eine merkliche absolute Reduktion der Emissionen, die mit den international vereinbarten Zielen kompatibel ist. Ein Land wie Deutschland müsste eben nicht nur einzelne Bereiche wie die Stromerzeugung angehen, sondern es der gesamten Wirtschaft zur obersten Aufgabe machen, den Verbrauch fossiler Energie systematisch und dauerhaft zu reduzieren. Machen wir uns nichts vor: Ohne eine massive und dauerhafte Verteuerung fossiler Energie ist es vollkommen unmöglich, alle Wirtschaftssubjekte gleichzeitig in diese Richtung zu bewegen. Doch eine solche Verteuerung ist nur dann erfolgreich, wenn alle Länder der Welt einschließlich der Produzenten von fossiler Energie das gleiche Ziel mit gleicher Intensität verfolgen.

Ist der Diesel das Problem?

Fast alle Klimaschützer bekommen glänzende Augen, wenn es um Fahrverbote und geringere Grenzwerte geht. Nur leider bedeuten Grenzwerte nicht viel, wenn auf Teufel komm raus weiter gefahren und Öl verfeuert wird. Das Problem mit dem Diesel bringt genau das auf den Punkt.

Der Diesel ist nicht nur das Objekt absurder Manipulationen der Automobilhersteller. Für viele ist er der Umweltfeind

Nummer eins, weil er in Stuttgart die Neckarstraße derart verdreckt, dass dort die europäischen Feinstaub- und Stickoxydgrenzen regelmäßig gerissen werden.

Was dagegen zu tun ist, liegt auf der Hand: Fahrverbote, ob nur für Stuttgart oder nur für die Neckarstraße oder gleich für die ganze Welt, ist nicht entscheidend. Verbote, das klingt einfach gut, das klingt wirklich nach Action und nicht nur nach neuen politischen Kompromissen um Arbeitsplätze und Klimapolitik. Jetzt endlich retten wir die Welt und mit dem Garaus für den Diesel in Stuttgart fangen wir an. Doch gemach. Wer gerne etwas verbieten will, muss erst einmal wissen, was wirklich großen Schaden anrichtet.

Die Kleinigkeit, die bei der extrem emotional geführten Debatte nämlich üblicherweise übersehen wird, ist die schlichte Tatsache, dass bisher fast ausschließlich über Grenzwerte geredet wird. Und zudem über Grenzwerte für einzelne Automodelle. Wer verschmutzt eigentlich die Neckarstraße? Nur die Dieselfahrzeuge, die die europäischen Normen nicht einhalten? Sind es nicht auch die anderen, die permanent diese Straße auf und ab fahren, selbst wenn sie die Grenzwerte einhalten? Wer verschmutzt eigentlich die Neckarstraße mehr, derjenige, der mit seinem alten, aber sparsamen Diesel diese Straße täglich auf seinem Weg zur Arbeit und zurück befährt, oder derjenige, der mit einem die Grenzwerte einhaltenden SUV jeden Tag die Straße viermal durchquert?

Betrachten wir ein einfaches Beispiel. Ein Arbeitnehmer fährt mit einem Diesel, der nur die Euro-4-Abgasnorm einhält, aber auch nur vier Liter pro hundert Kilometer verbraucht, jeden Tag 3,5 Kilometer in die Stuttgarter Innenstadt und abends 3,5 Kilometer wieder heraus. Ein Stuttgarter Geschäftsmann aber, der einen neuen, die Euro-6-Abgasnorm erfüllenden großen Diesel fährt, der in der Stadt mindestens zehn Liter pro hundert Kilometer frisst, lässt sich von seinem Chauffeur jeden Tag hundert Kilometer quer durch die Stadt fahren und dabei zehn Mal durch die Neckarstraße. Der Arbeitnehmer reißt den Grenzwert und folglich muss sein Diesel verboten werden. Der Unternehmer fährt lustig weiter, weil er ja den Grenzwert einhält. Wer hat wohl die Neckarstraße mehr verschmutzt?

Und was ist mit den Benzinern? Die stoßen ja auch keine Zuckerwatte aus. Wann verbieten wir die Durchfahrt von Porsche Carreras, die in der Stadt zwanzig Liter pro hundert Kilometer schlucken? Wann die Ferraris und die Riesen-SUVs, bei denen es wohl eher dreißig Liter sind? Aber auch das reicht nicht aus. Wann wird verboten, dass jemand überhaupt unsinnigerweise mit dem Auto in die Stadt fährt? Muss man nicht jeden fragen, ob er einen triftigen Grund hat, nach Stuttgart zu fahren? Es geht doch nicht an, dass man dem kleinen Pendler die Einfahrt zu seiner Arbeitsstelle verbietet, aber denen, die nur aus Jux und Tollerei mal in Stuttgart an den Ampeln ihre PS vorführen wollen, freie Fahrt gibt?

Man sieht, wenn man einmal mit dem Verbieten anfängt, kann man nicht so leicht aufhören. Was ist mit dem Kegelclub aus Stuttgart, der am Wochenende für vierzig Euro pro Mann mit einem Billigflieger nach Mallorca fliegt, um sich gehörig die Hucke vollzusaufen? Muss man doch verbieten – oder? Was ist mit den vielen tausend Fans, die sich jedes Wochenende in ihr Auto schwingen, 500 Kilometer fahren, um irgendwo eine Rallye abzuhalten oder ein Autorennen anzuschauen? Verbieten! Formel 1? Sofort verbieten, weil größte einzelne Dreckschleuder des Planeten! Aber auch die hundert Kilometer Fahrt mit dem Auto von Stuttgart in den Schwarzwald, um dort zwei Stunden in der guten Luft (!) zu wandern, erfüllt nicht die Voraussetzungen, die wir aufgeklärten Menschen an einen sinnvollen Umgang mit fossiler Energie stellen. Was ist mit den tausenden von reichen Kreuzfahrern, die nichts Besseres zu tun haben, als sich mit dem dreckigsten aller Dieselmotoren rund um die Welt schippern zu lassen? Ohne Vorwarnung verbieten!

So geht das! In solche Widersprüche verstrickt man sich, wenn man einerseits den Menschen nahebringen will, sie sollten auf die Nutzung fossiler Energieträger weitgehend verzichten, sich aber nicht traut zu sagen, was das wirklich heißt beziehungsweise was das wirklich kostet. Um Kosten geht es nämlich in erster Linie. Weil fossile Energieträger »nichts« kosten, werden sie auf Teufel komm raus verfeuert, wie die obigen Beispiele zeigen. Wer ernsthafte Klimapolitik betreiben will, muss fossile Brennstoffe teuer machen, alles andere ist Schall und Rauch. Man kann tausendmal über die Millionen von Produkten klagen, die nicht in der (heute geradezu heiligen) Region erzeugt werden, sondern um die halbe Welt fliegen, um in unseren Supermärkten und auf unseren Tellern zu landen. Solange der Transport quasi nichts kostet, wird das weitergehen bis zum Sankt Nimmerleinstag.

Wen haben die Ölpreisschocks der Siebziger- und Achtzigerjahre geschockt? Was haben die vielen Appelle an die Bürger genützt, vernünftig mit der Natur umzugehen? Was die jahrelange Berieselung mit Warnungen vor dem Armageddon des Klimawandels, der unvermeidlich sei, wenn wir nicht schleunigst aus der fossilen Wirtschaft aussteigen? Nicht viel mehr als nichts! Die Autos können gar nicht genug PS haben. Niemand geht ernsthaft auf die Barrikaden, wenn die Industrie nur irrsinnig zu nennende PKWs mit 500 PS anbietet. Bald müssen es sicher tausend sein, weil jedes neue Modell ja immer schneller sein muss als das alte.

Deutschland bewegt sich nur deswegen überhaupt in Richtung seines selbstgesteckten Klimaziels, weil man 1990 als Ausgangsjahr gewählt hat und der Zusammenbruch der DDR einen wundersamen und den bisher absolut größten Klimabeitrag erbrachte. Trotz Energiewende und hunderten von Milliarden an Investitionen sinkt selbst in Deutschland der CO_2-Ausstoß seit vielen Jahren nicht, weil die Einsparungen bei der Stromerzeugung von Mehrverbrauch fossiler Energieträger an anderer Stelle, vorneweg vom Verkehr, ausgeglichen werden.

Gleichzeitig huldigen fast alle der Marktwirtschaft wie einem Götzen. Aber das Wichtigste, was eine Marktwirtschaft kann, nämlich Preissignale weiterleiten und in effiziente Aktion praktisch aller Wirtschaftssubjekte umsetzen, das will die Mehrheit auf keinen Fall haben. Anpassen tun wir uns nur da, wo es nicht weh tut. Subventionen darf der Staat in der Marktwirtschaft geben, die Anpassung an veränderte Knappheit (oder an vom Staat beziehungsweise den Staaten gewollte Knappheit) aber, das darf man nicht von uns verlangen. Ich kann nur wiederholen: In einer globalen Marktwirtschaft wird es keinen Abschied von den fossilen Energieträgern geben, ohne dass eine fundamentale und langandauernde politisch inszenierte Wende bei den Preisen für diese Energieträger zustande kommt.

Zu glauben, man könne mit Verboten, Geboten und einigen finanziellen Anreizen hie und da die Weltwirtschaft fundamental umsteuern, ist ein schlechter Witz. Wir wollen und können offenbar nicht verstehen, wie weit und wie tief sich die Wirtschaft fast aller Länder der Welt in die Abhängigkeit von fossilen Energieträgern begeben hat. Diese Durchdringung zu lösen und die einmalige individuelle Versorgung mit Energie, wie sie die fossilen Energieträger mit ihrer hervorragenden Transportierbarkeit, Lagerbarkeit und raschen Verfügbarkeit geschaffen haben, durch neue öffentliche Systeme zu ersetzen, die auch nur annähernd so effizient sind, bedarf es mehr als ein paar Windräder und Solardächer.

Es bedarf einer völlig neuen, entindividualisierten Infrastruktur, die man jetzt aufbauen müsste, wenn man auch nur in fünfzig Jahren in den demokratischen Staaten die Ölwirtschaft überwunden haben will. Wir sollten nicht vergessen, dass jede Regierung brutal abgewählt werden wird, die keine überzeugende Energiewende, sondern viele Blackouts schafft, wenn gleichzeitig weltweit Öl und Kohle immer noch in großen Mengen und zu geringen Preisen verfügbar sind.

Mit der Preiswende kann man auf nationaler Ebene beginnen, wenn man es wirklich ernst meint – indem man die Steuern auf alle Produkte systematisch und langandauernd erhöht, die mithilfe von fossilen Energieträgern hergestellt werden. Man kann auch die Emission von CO_2 direkt besteuern oder Zertifikate ausgeben, die den CO_2-Ausstoß begrenzen, und deren Preis stetig steigen lassen, weil der Staat die Menge der Zertifikate andauernd zurückfährt. Das alles ist möglich. Es funktioniert aber nur, wenn auch die Industrie voll belastet und nicht, wie bei der deutschen Energiewende, weitgehend geschont wird. Man kann das aber in einer Demokratie nur durchsetzen, auch hier muss man sich wiederholen, wenn man die sich daraus ergebenden Belastungen für die privaten Haushalte einigermaßen gerecht verteilt. Was heißt, dass die ärmeren Haushalte entsprechend ihrer relativen Mehrbelastung durch höhere Energiepreise direkt über das Steuersystem eine Kompensation bekommen.

Ob es eine solche Energiepreiswende im globalen Rahmen geben könnte, darüber kann man nur spekulieren. Politisch ist das sicher schon nahezu unmöglich, aber auch ökonomisch ist es nicht einfach, den Preis eines Produktes zu erhöhen, dessen Angebot man nicht im Griff hat. Das heißt, dass ohne eine Einigung mit den Produzenten von Öl, Gas und Kohle auf eine systematische Verknappung des Angebots auch eine globale Steuer auf der Nachfrageseite nur einen Preiskampf mit den Anbietern auslösen würde, von dem man nicht sagen kann, wer ihn gewinnt. Wenn das Angebot an fossilen Energieträgern auf dem Weltmarkt hoch bleibt und die Steuern ständig erhöht werden, wird der Preis trotzdem kaum steigen, sondern der Profit der Ölproduzenten wird sinken. Darauf reagieren die normalerweise mit einer Steigerung des Outputs und nicht mit einer Verringerung, weil sie die Umsätze halten wollen, von denen ihre Einnahmen abhängen.

Wer das Angebot an fossilen Energieträgern dauerhaft global verringern will, muss dafür sorgen, dass das gesamte Angebot verringert wird. Er muss also Vorsorge dafür betreiben, dass bei hohen Preisen nicht neue Fördertechniken wie Fracking zum Einsatz kommen und die alten Produzenten schädigen. Öl, Gas und Kohle müssen in der Erde bleiben, damit sie auf der Welt nicht verbraucht werden. Das geht nur, wenn die Produzenten dieser Stoffe dazu bereit sind und selbst nicht allzu großen Schaden erleiden. Zu glauben, wir könnten ein wenig Öl einsparen, dadurch würden die Preise sinken und dann könnten die Ölscheichs keine teuren Fußballer mehr kaufen, wie das Thomas Fricke offenbar glaubt, ist leider, wie viele andere Vorstellungen in diesem Feld, extrem naiv.[4]

Wenn die Politik wirklich etwas ändern will, muss sie langfristige und klare Signale geben. Denn nur dann lohnt es sich, in Technologien zu investieren, die auf eine Zukunft ohne fossile Energieträger setzen. Dass die Politik in Demokratien mit vierjährigem Wahlzyklus dazu überhaupt in der Lage ist, darf man bezweifeln. Doch die Hoffnung auf einen »guten« globalen Ökodiktator, an dem sich viele festhalten, die an der Demokratie verzweifeln, ist sehr gefährlich. Es gibt diesen guten Diktator nicht. Und wer bereit ist, die demokratischen Institutionen infrage zu stellen, wird im Zweifel einen extrem hohen Preis bezahlen müssen.

Ich muss an dieser Stelle eine Anmerkung zu der einzigen Energiequelle machen, die von den Menschen direkt entwickelt wurde, stabile Energieversorgung gewährleisten kann, nicht auf der Verbrennung fossiler Energieträger beruht und global verfügbar sein könnte. Das ist die Atomkraft. Doch wenn man in Deutschland davon auch nur spricht, wird man sofort in eine Ecke gestellt und nicht mehr ernst genommen. »Atomkraftbefürworter« ist in weiten Kreisen eines der schlimmsten Schimpfworte überhaupt. Um Befürwortung geht es aber gar nicht, sondern nur um Nachdenken.

Ich habe mit der Atomkraft absolut nichts am Hut und wenn man sie nicht braucht, finde ich das wunderbar. Man kann aber als vernünftiger Mensch nicht die Augen vor der Tatsache verschließen, dass es ohne Atomkraft und ohne Kohlekraftwerke in einem Industrieland sehr schwer wird, Blackouts zu vermeiden. Und Blackouts könnten wirklich ungeahnte Schäden in einer Gesellschaft mit sich bringen, die nahezu völlig von der Stromversorgung abhängt. Wenn man gleichzeitig sieht, wie schwer sich die Politik tut, die virtuosen »Lösungen« umzusetzen, die sich manche Energiewendevertreter ausgedacht haben, um trotz Wackelstrom von Wind und Sonne eine stabile Versorgung ohne Kohle und ohne Atom zu gewährleisten, muss man einfach neu über Atomkraft nachdenken.

Man kann heute schon klar vorhersagen, dass die deutsche Energiewende global nicht als Vorbild betrachtet wird, weil inzwischen jeder Kundige weiß, wie groß die Probleme sind. Es wird ohne Zweifel eine Renaissance der Kernkraft geben, wenn viele Länder darangehen, sich von der fossilen Energie zu emanzipieren. Was tut Deutschland dann? Wartet es darauf, dass woanders ein Kernkraftwerk entwickelt wird, das sicherer ist als die heutigen und viel weniger radioaktiven Abfall produziert? Importiert es dann Strom aus den Ländern, die auf Kernkraft setzen? Die Idee, die Kernkraft in Deutschland völlig auszuschalten, war schon gewagt; zu glauben, es werde im Rest der Welt und vor allem beim Nachbarn Frankreich eine Abkehr von fossilen Energieträgern und der Atomkraft zugleich geben, ist absurd.

Endlich vollständig erneuerbar?

Naivität kann auch in anderer Hinsicht schön sein. Man redet sich die Welt einfach so, wie sie einem gefällt. Bei großen technischen Neuerungen jedoch kann Naivität sehr gefährlich werden. Bei der Energiewende ist es an der Zeit, zu realistischen Einschätzungen zu kommen.

Auch Sie haben es sicher verpasst, das historische Ereignis am Neujahrsmorgen 2018! Weil alle schliefen und der

Wind heftig wehte, geschah, worauf so viele so lange gewartet haben: Zum ersten Mal in der Geschichte (der Menschheit) wurde in einem großen Land der gesamte nachgefragte Strom von erneuerbaren Energieträgern erbracht. Die Gazetten feierten diese Großtat deutscher Ingenieurskunst[5] und die einschlägigen Parteien überschlugen sich fast beim Bejubeln dieses Jahrhundertereignisses.[6] Die Grünen verkündeten triumphal: »Deutschland kann hundert Prozent Ökostrom.«[7]

Leider kam diese Großtat mit einem gewaltigen Pferdefuß und selbst die Grünen und die jubelnden Gazetten kamen nicht umhin, diesen klar zu benennen. Gleichzeitig mit der fast hundertprozentigen Versorgung fiel nämlich an den Strombörsen der Strompreis auf ein Rekordtief von sage und schreibe **minus** 76 Euro (pro Megawattstunde). Will heißen, Deutschland beziehungsweise diejenigen, die in Deutschland noch auf konventionelle Art Energie erzeugen, mussten Abnehmern im Ausland viel Geld dazugeben, damit der deutsche Strom abgenommen wurde.

In erster Linie profitierte von dem deutschen Stromüberschuss Österreich. Auch dort schliefen am Neujahrstag die meisten Verbraucher, aber das Land verfügt wegen seiner natürlichen Gegebenheiten (Berge!) über erhebliche Speicherkapazitäten in Form von Wasserspeicherkraftwerken, pumpte also dank der gewaltigen deutschen Subvention mit dem überschüssigen Strom Wasser die Berge hinauf und verdiente dabei noch Geld.

Doch das kann unseren Überschwang nicht wirklich stoppen. Für die *Berliner Zeitung* sind mögliche Minuspreise »als Instrument der Disziplinierung der konventionellen Erzeuger wichtig«[8]. Denn so werde ein finanzieller Anreiz geschaffen, die Überproduktion zu begrenzen. In der *Süddeutschen*

Zeitung durfte der damals für die Energiewende zuständige Staatssekretär des Bundeswirtschaftsministeriums, Rainer Baake, verkünden, das Geschehen zeige, »dass wir noch mehr Flexibilität brauchen«[9], weil inflexible Großkraftwerke die Energiewende behinderten. »Wir treten damit in eine neue Phase«[10], sagte laut der *Süddeutschen Zeitung* Felix Matthes, Energie-Experte beim Öko-Institut, die Erneuerbaren seien endgültig aus der Nische heraus und nun schlage die Stunde des Marktes.

Auch für die Grünen bedeuteten die negativen Preise, dass jetzt dringend die nächsten Schritte folgen müssten. Es könne nicht sein, »dass an jedem Feiertag, wenn der Wind auffrischt und die Sonne aufgeht, negative Preise drohen«[11]. Dieser Irrsinn müsse aufhören, und das Rezept dagegen sei längst bekannt. Man müsse die Flexibilität in der Stromversorgung erhöhen, damit auch in einer Welt stark schwankender Wind- und Solarstromerzeugung die Versorgung jederzeit kostengünstig, sicher und klimaverträglich gewährleistet werden könne.

Man fragt sich angesichts solcher Aussagen, ob auch nur einer der Beteiligten jemals darüber nachgedacht hat, wie eine Marktwirtschaft jenseits der neoklassischen Lehrbuchmodelle funktioniert. Und die Antwort ist: niemand! Energiewende wird offenbar bis in die höchsten verantwortlichen Kreise mit der Fiktion eines unter allen Umständen funktionierenden Marktes betrieben. Das ist nicht nur naiv, es ist höchst gefährlich.

Es ist nämlich so, liebe Energiewendevertreter, dass die Märkte der Wirklichkeit besonders gut funktionieren, wenn die Preise nicht sehr flexibel, sondern ziemlich unflexibel und relativ gut vorhersehbar sind. In der wirklichen Welt kommt es nämlich darauf an, dass Unternehmen investieren. Und kein vernünftiges Unternehmen investiert, wenn die Preise seines Produktes stark schwanken und sogar massiv negativ werden können. Negative Preise sind eine marktwirtschaftliche Horrorvorstellung und bestens geeignet, jeden potentiellen Investor in die Flucht zu schlagen.

Schauen wir zunächst einmal die Dynamik von Angebot und Nachfrage und den Strompreis an, um zu verstehen, was wirklich zur Jahreswende 2018 passiert ist (siehe die nachfolgende Abbildung 1, die ich von *Agora Energiewende* übernommen habe).

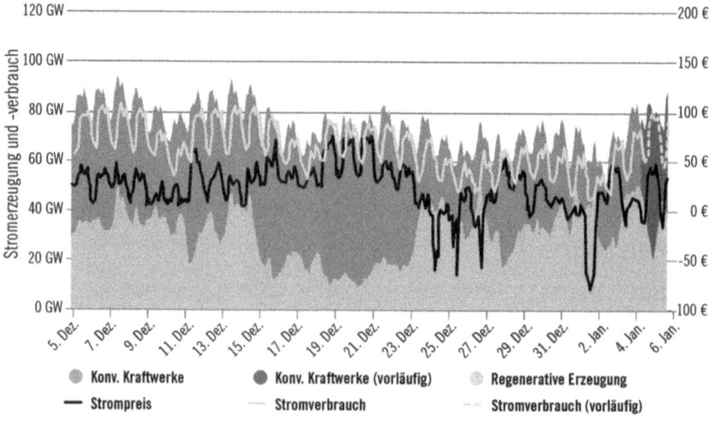

Abbildung 1: Strompreis, Stromerzeugung und Stromverbrauch (Quelle: Agora Energiewende, Stand: 05.01.2018)

Man kann ohne Weiteres erkennen, dass bei hohem Angebot aus der regenerativen Erzeugung (die hellgraue Fläche) und bei niedrigem Stromverbrauch wie um die Jahreswende die Strompreise regelmäßig tief in den Keller und sogar unter null gehen (rechte Achse). Daraus kann man in der Tat bei oberflächlicher Betrachtung folgern, man müsse nur das Angebot an konventionell erzeugtem Strom flexibel zu- oder abriegeln, um den Preis stabil zu halten und doch Versorgungssicherheit zu gewährleisten.

Allerdings zeigt die Grafik auch, dass es kurz vor der Jahreswende (ungefähr 15. bis 22. Dezember 2018) wieder einmal eine Phase gegeben hat, in der die regenerative Erzeugung ungeheuer gering war und die konventionelle sehr hoch. Das war eine der berühmten Dunkelflauten. In solchen Phasen braucht man enorme Speicherkapazität, die es aber in Deutschland bislang und auf absehbare Zeit nicht gibt, oder man braucht große Kapazitäten an konventionellen Kraftwerken, um Blackouts zu vermeiden. Das Problem ist nur, wie oben im Detail diskutiert, dass solche Phasen auch bei wesentlich größerer Kapazität an Erneuerbaren nicht auszuschließen sind. Folglich braucht man auch bei der doppelten oder dreifachen Menge von Windrädern enorme Reservekapazitäten in Form von konventionellen Kraftwerken, die flexibel eingesetzt werden können, um Kapriolen des Wetters wie Dunkelflauten zu überbrücken.

Die einfache Frage, die es für Grüne und Energiewendeadvokaten zu beantworten gilt, ist die, ob es wohl irgendwann einen Markt geben wird, der genau das anbietet, also den Lückenfüller für die regenerativen Kapazitäten spielt und auf diese Weise den Preis stabilisiert. Die Antwort ist eindeutig: Nein, das wird niemals passieren und jeder, der den Menschen das oder Ähnliches als marktwirtschaftliche Lösung der Energiewende verkauft, ist ein Scharlatan.

Bisher funktioniert alles ja nur deswegen halbwegs, weil der Staat den konventionellen Energieversorgern klar vorgibt, dass sie die Versorgungssicherheit zu garantieren haben, ganz gleich, wie sich die Preise bei der (wiederum auch vom Staat verordneten) vorrangigen Einspeisung von Ökostrom entwickeln. Fällt diese Vorgabe des Staates weg, muss man verrückt sein, wenn man als Lückenfüller auf eigenes Risiko in Deutschland Strom anbietet. Deswegen stellt die Aussage des damaligen Staatssekretärs Baake, die inflexiblen Großkraftwerke behinderten die Energiewende, die Welt exakt auf den Kopf. Richtig ist, dass sie die Energiewende bisher überhaupt möglich gemacht haben, weil nur dadurch Phasen wie Mitte Dezember reibungslos überbrückt werden können.

Ich kann nicht beurteilen, ob mit allen möglichen Maßnahmen (Speicher, Gaskraftwerke, bessere Netze und so weiter) in einigen Jahrzehnten auf der Basis von Sonne und Wind die Technik für ein Energieversorgungssystem zu schaffen ist, das jederzeit alle Wetterkapriolen auffängt. Die Aufgabe ist nichts Geringeres, als die Schwankungen in der Versorgung mit erneuerbaren Kapazitäten flexibel, also von Stunde zu Stunde, zu kompensieren, sodass der Strompreis relativ konstant bleibt und die Versorgungssicherheit niemals gefährdet ist.

Ich kann aber mit Sicherheit sagen, dass es ein solches System nicht im Rahmen der Marktwirtschaft geben wird. Aufbauen, betreiben und steuern kann dieses flexible System nur einer: der Staat. Folglich muss, wer ernst genommen werden will in der Diskussion um Klimaschutz und Energiewende, dafür eintreten, dass der Staat jetzt sofort die gesamte Stromversorgung an sich zieht und zunächst die personellen Kapazitäten dafür schafft, unter Berücksichtigung aller technischen und finanziellen Engpässe einen Energieplan zu entwerfen, den er dann in den nächsten beiden Jahrzehnten umsetzt. Von einer marktwirtschaftlichen Lösung zu träumen, ist absurd und endet in einer grandiosen Geld- und Zeitverschwendung.

Mittlerweile haben in den großen Parteien offenbar einige gemerkt, dass eine funktionierende Energiewende nicht dadurch zu haben ist, dass man einfach noch mehr Windkraftanlagen und Solarpanels in die Landschaft setzt. Schlimm ist allerdings, dass man nicht ehrlich ist und dem Bürger endlich erklärt, dass die bisherigen Vorstellungen ziemlich naiv waren und grundlegend korrigiert werden müssen. Stattdessen kassiert man einfach das Ziel, das man sich bei der Verminderung des CO_2-Ausstoßes für 2020 gesetzt hatte, und tut so, als sei es nur eine Art Versehen gewesen, welches man aber bis 2030 auf jeden Fall korrigieren werde. Das ist Politik nach dem Motto: nach mir die Sintflut!

Diese Nebelwerfer-Politik ist zum Normalfall geworden, weil vermutlich keiner der beteiligten Politiker verstanden hat, warum selbst die deutsche Energiewende nicht ausgereicht hat, den CO_2-Ausstoß zu reduzieren. Den Bürgern zu sagen, dass die Politik massiv in die Preisgestaltung eingreifen muss, trauen sich nicht einmal die Grünen mit aller Konsequenz. Nur wenn man mit einiger Wahrscheinlichkeit erwarten kann, dass sich die relativen Preise von fossilen Brennstoffen und von Strom aus erneuerbaren Quellen über lange Frist zugunsten der Letzteren ändern, kann es eine Umlenkung des Verbraucherverhaltens (national und global) geben. Und nur dann, also nur, wenn der Staat jederzeit die Preise festlegt, gibt es auch private Investitionen, die in die richtige Richtung gehen.

Gerade bei einem solchen Thema darf man falsche Vorstellungen in der breiten Öffentlichkeit nicht einfach laufen lassen. Man muss, auch wenn es schwerfällt, vor Illusionen warnen und über die Zusammenhänge aufklären. Wie aber sollten das Politiker tun, die sich nicht einmal die Mühe machen, das zu verstehen, was sie selbst entschieden haben?

Ein großer Schritt für Deutschland, ein kleiner für die Menschheit

Im Sommer 2019 fühlte sich Deutschland wieder einmal gut. Es fühlte sich nach dem Kohlebeschluss erneut als Vorreiter in Sachen Energiewende. Doch ernsthaft nachdenken will man darüber weiterhin nicht.

Gerade als in Deutschland der Vorschlag der Kohlekommission zum Ende der Kohleverstromung im Jahr 2038 gefeiert wurde, kam auch die Meldung über die Medien, der Luftverkehr über Deutschland habe im vergangenen Jahr um fast fünf Prozent zugenommen. Auch kann man leicht herausfinden, dass in den letzten fünf Jahren jährlich zwischen 50 000 und 100 000 neue LKW zugelassen wurden und deren Bestand kontinuierlich auf über drei Millionen angestiegen ist. Im Jahr 2017 lag die durchschnittliche Antriebsleistung von Neuwagen in Deutschland bei – sage und schreibe – 152 PS und überschritt damit zum ersten Mal die 150-PS-Grenze.[12] Vor zehn Jahren waren es im Schnitt rund 130 PS, vor zwanzig Jahren rund hundert. Warum fordert niemand ein Aus für zusätzliche Flugzeuge oder LKWs? Warum sollte man nicht die PS-Zahl von Automobilen von nun an für alle Zeiten bei 150 (oder hundert) begrenzen?

Man sieht an diesen beliebig ausgewählten Beispielen wiederum, wie zufällig und widersprüchlich die deutsche Politik in Sachen Klimawandel ist. Man hat sich jetzt auf einen ganz kleinen Bereich (gemessen am gesamten Primärenergieverbrauch) kapriziert, wo der Staat unmittelbar Zugriff hat, und vermittelt den Eindruck, damit seien die Herausforderungen, die sich Deutschland im Rahmen der globalen Selbstverpflichtung gestellt hat, weitgehend erledigt. Gemessen an den unerledigten Problemfeldern und der globalen Dimension des Problems hat der kreißende Berg jedoch nur eine Maus geboren. Wiederum wurde nur Symbolpolitik abgeliefert.

Das scheinen ja immerhin einige zu begreifen, unter anderem die Jugendlichen, die jetzt Freitag für Freitag ihrem schwedischen Vorbild Greta folgen und auf die Straße gehen. Doch außer dem Verzicht auf Fleisch und tropische Früchte hört man auch von der Seite nicht viel über das, was wirklich notwendig wäre, um eine globale Wende beim Verbrauch fossiler Rohstoffe zu erreichen.

Verstanden haben weder die Jugendlichen noch die grünen Politiker, die in ähnliche Hörner stoßen, dass nur eine wirklich durchgängige Verhaltensänderung auf der globalen Ebene diese Wende herbeiführen kann und dass es für eine solche Verhaltensänderung derzeit keinerlei Anzeichen, keinerlei Anreiz und keine politische Initiative gibt. Der einzige intellektuelle Ausweg, der Deutschland bleibt, ist folglich die Hoffnung, ein Land könne durch sein »vorbildliches« Verhalten zum Vorreiter oder Vorbild für andere werden. Doch diese Hoffnung zerbricht leider an einfachsten ökonomischen Zusammenhängen.

Es ist allerdings nicht allein die Schuld Deutschlands, dass es so gekommen ist. Die Länder der Welt haben mit ihrem Bekenntnis zur Bekämpfung des Klimawandels mithilfe von nationalen Versprechen zur Begrenzung der CO_2-Emissionen genau diesen chaotischen und letztlich zum Scheitern verurteilten Weg gewählt. Man hat sich nämlich geweigert anzuerkennen, dass die Begrenzung der Emissionen aus der Verbrennung fossiler Rohstoffe eine Entscheidung für einen massiven staatlichen Eingriff in den größten und bedeutendsten Markt dieser Welt bedeutet. Es gibt nämlich, ich muss das leider immer wieder betonen, ein einfaches und unbestreitbares Prinzip: Wer in einer Marktwirtschaft Mengenziele erreichen will, und genau darum geht es bei der Einschränkung der Verbrennung von fossilen Rohstoffen, darf sich nicht davor scheuen, in die Preisbildung an diesem Markt einzugreifen. Das gilt ja auch für die deutsche Energiewende, die nur deswegen überhaupt einen großen Anteil der Erneuerbaren hervorgebracht hat, weil der Staat massiv in die Preisbildung eingegriffen hat.

Scheut man sich jedoch genau davor, und das muss man für die Weltgemeinschaft einfach konstatieren, produziert man solche absurden Folgen, wie ich sie oben beschrieben habe: Auf der einen Seite werden superbillige fossile Brennstoffe auf Teufel komm raus verbraucht, auf der anderen Seite machen einzelne Staaten ungeheure Verrenkungen, um ihre Versprechungen in Sachen CO_2-Emissionen wenigstens annähernd zu halten. Das ist höchst ineffizient, weil womöglich an Stellen eingespart wird, wo es ungeheuer teuer ist im Vergleich zu anderen Stellen, wo nichts geschieht.

Noch viel wichtiger ist jedoch, dass – global gesehen – diese Art von »Problemlösung« der Offenbarungseid für die Klimapolitik schlechthin ist. Die Einsparung des einen bedeutet auf dem Weg über die normalen Preissignale (also via sinkende Öl- und Kohlepreise) eine Einladung an den anderen, er solle und könne ruhig mehr verbrauchen. Es ist nicht vorbildlich, was der Vorreiter macht, sondern unmittelbar schädlich, weil er verantwortlich dafür ist, dass die anderen die Möglichkeit haben, weiterhin billige und billigere fossile Rohstoffe zu konsumieren.

Der Markt verteilt immer genau das, was gegenwärtig an Angebot an fossilen Rohstoffen aus der Erde kommt, ganz unabhängig davon, was die Regierungen dieser Welt beschlossen haben. Markträumung nennen das die Ökonomen. Würden tatsächlich viele Regierungen quantitativ bedeutender Länder versuchen, durch teure CO_2-Zertifikate oder höhere Besteuerung den Preis für Öl, Kohle und Gas nach oben zu treiben, würde der Marktpreis im Rest der Welt fallen und dies die Bemühungen unmittelbar konterkarieren.

Wer also, wie etwa der größte grüne Geldgeber, Jochen Wermuth, glaubt, die Märkte würden schon die Klimawende schaffen, wenn ein paar Staaten (er erwähnt sogar nur Deutschland) CO_2-Zertifikate verteuern, liegt fundamental falsch.[13] Der Preis für Öl und Kohle würde genau in Reaktion darauf so weit fallen, dass sich erneut die Frage stellen würde, wie sehr die Staatengemeinschaft wiederum gegensteuern muss, um vermehrten Verbrauch zu verhindern.

Letztlich läuft eine konsistente globale Strategie zur Reduktion des Verbrauchs von fossilen Brennstoffen auf einen offenen Kampf mit den Anbietern dieser Rohstoffe hinaus. Bei diesem Kampf wäre allerdings vollkommen offen, wer ihn gewinnen würde. Die Koalition der Willigen wäre nämlich jederzeit vom Auseinanderfallen bedroht, wenn die Bevölkerung in einem oder mehreren Ländern sich nicht mehr davon überzeugen ließe, superbillige fossile Brennstoffe nicht zu benutzen. Die Frage ist aber müßig, weil bisher offensichtlich kein Land der Welt bereit ist, in diese Richtung zu gehen – ja, man ist nicht einmal bereit, darüber offen zu reden.

Preissteuerung und damit Verhaltensänderungen sind – selbst in kleinem Maßstab – weitgehend tabu. Obwohl fast alle politischen Parteien versichern, sie wollten verhindern, dass die eine Erde, die den Menschen zur Verfügung steht, geplündert wird, ist man nicht bereit oder in der Lage, den Menschen eine Anpassung zuzumuten. Den Kohleausstieg kann man verkaufen als Maßnahme, die keinem wehtut, weil bis dahin ja scheinbar so umfangreiche Kapazitäten an erneuerbaren Energiequellen aufgebaut seien, dass sich niemand einschränken müsse. Ob das wirklich so sein wird, ist eine andere Frage, aber es wird aktuell jedenfalls niemand unruhig, weil ihm die Politik in Aussicht stellt, dass er seine gewohnte Lebensweise beibehalten könne.

Das mit Abstand größte Hindernis für eine konsequente Preissteuerung in globalem Maßstab ist, ich habe darauf schon mehrfach hingewiesen, die unumgängliche Verteilungswirkung. Wer in einer Demokratie den Strukturwandel systemkonform durch Preissteigerungen in Richtung ökologische Vorsorge steuern will, kann das nicht durchsetzen, ohne die unteren Einkommen massiv zu entlasten, denn sonst tragen diese Gruppen – gemessen an ihrem Einkommen – einen weit größeren Teil der Gesamtlast als die oberen Einkommen.

Das Versagen in dieser Frage hat die Gelbwesten in Frankreich auf die Straße gebracht, aber gelernt haben die Parteien in Deutschland und anderswo daraus nicht. Auch die Grünen scheuen sich davor, die beiden Aspekte, um die es im Kern geht (Preissteuerung und Umverteilung), wirklich zu adressieren. Solange Umverteilung in den Zeiten des Neoliberalismus in den meisten westlichen Demokratien ein absolutes Tabu ist, kann man beliebig viele Sonntagsreden zum Thema ökologische Vorsorge und Klimavorsorge halten, mit einem ernsthaften Beitrag zur Sache hat das nichts zu tun.

Wie groß ist der deutsche Beitrag?

Schließlich wäre es an der Zeit, sich gerade in Deutschland einmal die Dimension der globalen Aufgabe und des deutschen Beitrages dazu vor Augen zu führen. Die Stromerzeugung in Deutschland, die üblicherweise in Terawattstunden (TWh) gemessen wird, lag 2018 laut der hier vom Fraunhofer-Institut für Solare Energiesysteme (ISE) übernommenen Grafik bei etwa 600 TWh.[14] Davon entfallen 325 auf nicht erneuerbare Quellen inklusive Kohle (Braunkohle und Steinkohle zusammen etwa 200 TWh).

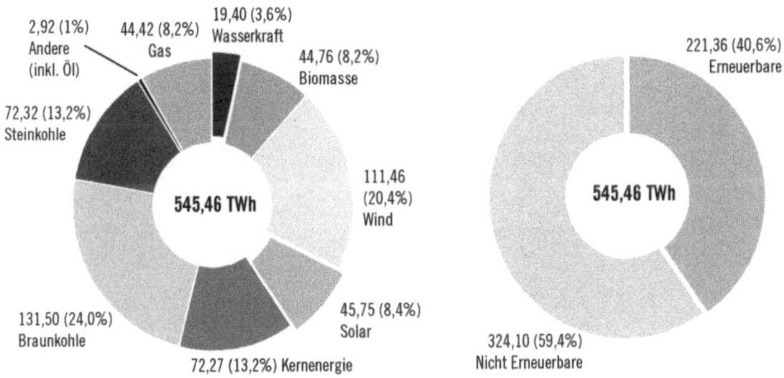

Abbildung 2: Nettostromerzeugung in Deutschland 2018

Kommt es zu dem angekündigten Kohleausstieg, werden die aus Kohle erzeugten etwa 200 TWh bis 2038 durch Strom aus anderen Quellen ersetzt werden müssen. Welche das sein werden, ist weitgehend offen, weil derzeit niemand absehen kann, wie viele Gaskraftwerke (und wie viel Einsatz derselben im Laufe eines Jahres) und andere Absicherungen man braucht, um die wetterbedingten Schwankungen bei der Leistung der Erneuerbaren auszugleichen. In jedem Fall bedeutet der Ausstieg aus der Kohle eine Einsparung von deutlich weniger als den 200 TWh, die jetzt dafür zu Buche stehen.

In China, das viele ja für ein Vorbild in Sachen Umstieg auf Erneuerbare halten, beträgt die Jahresleistung bei der Stromerzeugung, wie das untenstehende Kuchendiagramm zeigt, etwa 7000 TWh, also mehr als zehnmal so viel wie in Deutschland. Der Mix ist nach chinesischen Zahlen so, dass fast 5000 TWh aus der Verbrennung von fossilen Stoffen stammen (Thermal genannt, umfasst Kohle, Öl und Gas).[15]

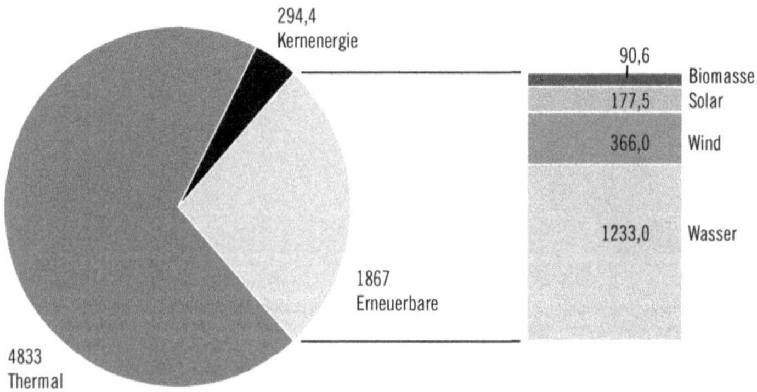

Abbildung 3: Strommix 2018 (TWh)

Dramatisch wird es, wenn man sich bei diesem hohen Bestand an fossiler Strombasis die Veränderungen anschaut, die natürlich von den hohen Wachstumszahlen des BIP Chinas geprägt sind. Im Jahr 2018 lag (wie Abbildung 4 zeigt) der **Zuwachs** der Produktion aus fossilen Brennstoffen mit 324

TWh deutlich höher als die gesamte deutsche Produktion aus Braunkohle und Steinkohle zusammengenommen. Das ist kein Einzelfall: Auch im Jahr 2017 lag der Zuwachs bei 220 TWh und 2016 bei etwa 100 TWh. Lediglich von 2014 auf 2015 gab es nach diesen Zahlen einmal einen kleinen Einbruch. Dagegen sind die Zuwachsraten bei den Erneuerbaren zwar sehr hoch, aber gemessen an der Gesamtleistung, um die es geht, sind deren absolute Beiträge doch weiterhin sehr überschaubar.[16]

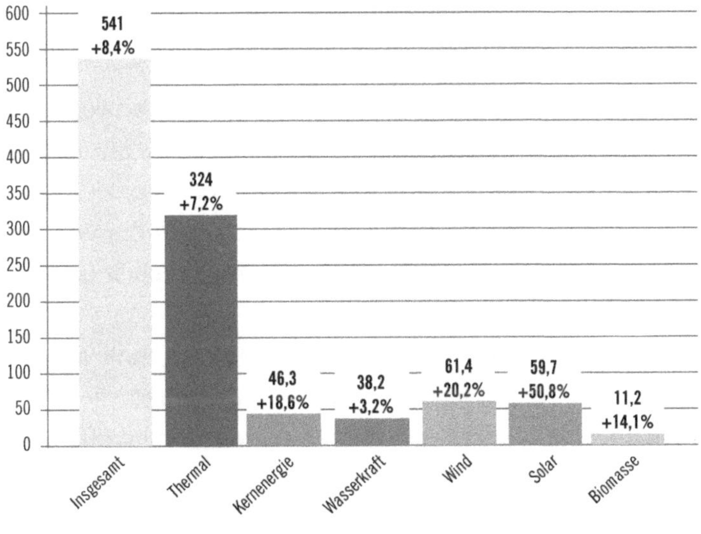

Abbildung 4: Jahreswachstum der Stromerzeugung 2017 bis 2018 (in TWh)

Die chinesische Dimension der Probleme zeigt, dass selbst die gewaltigste in Deutschland anzunehmende Maßnahme, der Kohleausstieg, global gesehen eine Aktion von zwergenhafter Größe ist. Erstaunlicherweise reden bei uns auch die Experten, die das genau wissen, nicht gerne darüber. Will man mit

Gewalt an der Vorstellung festhalten, einer müsse Vorreiter und Vorbild sein, dann würden die anderen Länder schon folgen? China schien ja sogar ein Staat zu sein, der dem deutschen Vorbild folgt. Doch bei genauerem Hinsehen bleibt davon nicht viel übrig. Warum sollte auch die in wenigen Jahren größte Wirtschaftsmacht der Erde einem kleinen mitteleuropäischen Land folgen? Die derzeit größte Wirtschaftsmacht USA hat sich ja schon aus dem globalen Mini-Konsens von Paris formal verabschiedet.

Kinder an die Macht?

In diesen Tagen kommt mir immer wieder das Lied von Herbert Grönemeyer in den Sinn, der den Kindern die Macht und das Kommando geben wollte. Es hat mich bei dem Lied aber schon immer verwundert, was gut daran sein soll, wenn die Welt in die Hände von Leuten gelegt wird, die nicht berechnen, was sie tun.

Das muss man leider konstatieren, wenn Jugendliche, denen man Mikrofone vor die Nase hält, sagen, dass die Alten endlich mit dem Rechnen aufhören sollten. Kohlekraftwerke sollten einfach sofort abgeschaltet werden, ohne zu berechnen, was passiert. Das klingt gut, es hilft aber überhaupt nicht. Statt für eine wirkliche globale Wende einzutreten und den Menschen zu erklären, was das bedeutet, wird in völlig beliebiger Weise das eine oder das andere Verhalten als klimaschädlich abgeurteilt.

Doch das ist gefährlich, denn die moralische Keule nutzt sich sehr schnell ab. Wird alles durch die Brille des Klimawandels betrachtet, stellt sich schnell Frustration ein, wenn keine wirklich globalen Erfolge zu vermelden sind. Es ist gut, dass sich die Jugendlichen engagieren, aber es läuft ins Leere, wenn die Erwachsenen nicht bereit oder in der Lage sind, die Zusammenhänge zu erklären, die man verstehen muss, um sich ein gut begründetes Urteil zu bilden.

Der entscheidende Zusammenhang entlarvt zudem die moralische Keule als ganz unsinniges Werkzeug: Wird die Markträumung auf den Märkten für fossile Energie nicht durch eine globale politische Aktion unterbunden, ist jede noch so gut gemeinte Einsparung von fossilen Brennstoffen bei uns sinnlos, weil sie über den Markt andere auf diesem Planeten auffordert, mehr als bisher zu verbrauchen.

Derzeit überbieten sich die deutschen Politiker mit Ideen zur CO_2-Einsparung. Die einen fordern einen »Masterplan Klima«, ohne zu sagen, was das sein soll, die anderen haben endlich »begriffen«, dass CO_2 »einen Preis« bekommen müsse, damit die Bürger und die Unternehmen sorgsam damit umgehen. Angetrieben vom Medienhype um Greta und den Forderungen der Fridays-for-Future-Bewegung übertreffen sich die Politiker fast aller Parteien mit geradezu genialen Vorschlägen.

Am putzigsten ist die Idee von »einem Preis für CO_2«. Man müsse nur, so offensichtlich die Vorstellung, jeder Tonne ausgestoßenem CO_2 einen Preis geben (oder gar einen »fairen Preis«), dann werde irgendwie der Markt die Sache schon regeln. Manche meinen, dreißig bis vierzig Euro pro Tonne seien genug, andere wie die Fridays-for-Future-Bewegung fordern einen Preis von 180 Euro pro Tonne.[17] Das Umweltbundesamt habe ausgerechnet, dass gerade bei diesem Preis die den heutigen und den zukünftigen Generationen entstehenden Kosten ausgeglichen würden.

Liberale Geister meinen, den Preis für das CO_2 müsse der Markt finden, was er auch könnte, wenn man (was allerdings wiederum heißt, der Staat beziehungsweise die Staaten) die Menge der Zertifikate laufend verknappe. Woher der Staat (die Staaten) wissen soll, um wie viel man verknappen muss, ohne die Preise in den Himmel steigen zu lassen, das weiß allerdings keiner. Andere glauben, eine Steuer auf CO_2 sei leichter durchzusetzen. Doch bevor das international überhaupt zur Debatte steht, beginnt man in Deutschland schon darüber zu streiten, welche Ausnahmen man bei einer solchen Steuer machen müsse und wie die Verteilungswirkungen einzuschätzen sind.

Es tut mir leid, das so klar sagen zu müssen, aber das alles ist grandioser Quatsch. Solche Parolen kann man nur verbreiten, wenn man bis heute nicht verstanden hat, was während der Ölpreiskrisen in den Siebzigerjahren des vergangenen Jahrhunderts und danach passiert ist. CO_2 hat ja schon einen Preis. Jeder, der CO_2 ausstößt, hat vorher Öl, Kohle oder Gas gekauft und dafür einen Preis bezahlt. Manchmal war der Preis niedrig, manchmal war er hoch. Mal hat man für ein Fass Öl fünfzig Dollar bezahlt, ein anderes Mal über hundert Dollar. Immer musste man für das CO_2, das man beim Verbrauch des Öls ausstößt, etwas bezahlen. Eine Steuer oder der Preis für ein Zertifikat verteuert den Verbrauch von Öl in genau der gleichen Weise, als ob der Ölpreis steigt.

Wir wissen ganz genau, was passiert, wenn der Ölpreis einmal einen Sprung nach oben macht. Kurzfristig, und das meint hier fünf bis zehn Jahre, passiert gar nichts. Die Produzenten geben die Preiserhöhung an die Konsumenten weiter und die Konsumenten zahlen treu und brav die höheren Preise, ohne die Nachfrage nach Öl einzuschränken. Insgesamt geben die Konsumenten mehr für Öl aus als zuvor, ihre Ölrechnung steigt folglich. Sie passen also ihr Verhalten durchaus an, aber leider nicht in der gewünschten Richtung. Sie konsumieren weniger von den Nicht-Öl-Gütern und fast unverändert viel von den Öl-Gütern. Eine geringe Preiselastizität der Nachfrage für Öl liege hier vor, klären uns die Mikro-Ökonomen auf.

Um die Klimaziele zu erreichen, ist jedoch eine grundlegende Verhaltensänderung in umgekehrter Richtung notwendig. Die Masse der Menschen soll ja auf die lange Sicht auf der ganzen Welt weniger Öl, Kohle oder Gas nachfragen und verbrauchen. Um das zu erreichen, reicht »ein Preis« für CO_2 gerade nicht, selbst wenn man ihn – was derzeit politisch ausgeschlossen ist – weltweit einführen könnte und er relativ hoch wäre (also etwa zu einer Verdoppelung des Ölpreises führen würde). Preise sind ungeheuer wichtig, aber die Operation, um die es bei der Bekämpfung des Klimawandels geht, ist viel größer und weit komplexer als das einmalige Verteuern des Ausstoßes von CO_2.

Es geht darum, auf der globalen Ebene so schnell wie möglich eine Vereinbarung aller Staaten zu erreichen, in der diese sich verpflichten, die Preise für die CO_2-haltigen Energieträger (ob nur die Preise als solche oder unter Einschluss von Zertifikaten und Steuern, ist vollkommen uninteressant) von nun an für mindestens hundert Jahre jedes Jahr deutlich stärker steigen zu lassen als die Preise aller übrigen Produkte (die globale Inflationsrate).

Genau dann wird man Verhaltensänderungen auf die lange Frist (zehn Jahre und mehr) bekommen, weil jeder Produzent und Investor weiß, dass er damit rechnen kann, mit einem wenig CO_2-intensiven Produkt am Ende erfolgreicher zu sein als mit einem Produkt, das unvermindert auf CO_2 setzt. Auch die Konsumenten beginnen dann Schritt für Schritt ihr Verhalten zu ändern, weil sie nicht mehr darauf hoffen können, dass die fossilen Stoffe wieder billiger werden oder die Preissteigerungen der fossilen Brennstoffe durch die allgemeine Preis- und Lohnsteigerungen relativiert und/oder in ihrer Wirkung ausgelöscht werden – so, wie das von Beginn der Siebzigerjahre bis heute der Fall war.

Wohlgemerkt, dieser gewaltige und mit nichts anderem vergleichbare Eingriff der Staaten in die Marktwirtschaft macht überhaupt nur Sinn, wenn er auf der globalen Ebene stattfindet, weil sonst das eine Land spart und das andere genau deswegen mehr verbraucht. Es gibt allerdings auf der Weltebene keinen identifizierbaren politischen Akteur. Selbst eine Staatengemeinschaft im Sinne einer beschlussfähigen Institution existiert nicht einmal annähernd. Alles, was nur national passiert, ist Augenwischerei oder reine Symbolpolitik.

Wiederum gilt auch, dass dieser Eingriff zudem in den Demokratien dieser Welt nur dann machbar ist, wenn die unteren Einkommen systematisch durch staatliche Umverteilungspolitik entlastet werden. Wenn sie den Großteil der Anpassungslast tragen, obwohl sie bei Weitem nicht die größten Verursacher sind, geschieht genau das, was in Frankreich geschehen ist. Das ist immerhin ein Punkt, den auch Fridays for Future klar und deutlich hervorhebt. Massive Umverteilung ist aber auch gegenüber den Entwicklungsländern nötig, wenn man deren heutiger Jugend eine Zeit extrem billiger fossiler Rohstoffe vorenthalten will.

Wie schwer diese Verteilungsfrage aber sogar auf der nationalen Ebene politisch durchzusetzen ist, zeigt sich zum

Beispiel daran, dass die CDU-Vorsitzende bei diesem Thema plötzlich ihr Herz für die unteren Einkommen entdeckt und – in unglaublicher Dreistigkeit – argumentiert, dass die CDU Preiserhöhungen (über höhere Steuern auf CO_2-Produkte) wegen der ärmeren Bevölkerungsschichten nicht mitmachen könne.[18]

Wenn Fridays for Future in Deutschland mehr als nur emotionale Betroffenheit erreichen will, muss die Bewegung genau an dieser Stelle politischer werden und sich mit der CDU, der SPD, der FDP (und sogar großen Teilen der Grünen) anlegen. Man muss jemandem wie Annegret Kramp-Karrenbauer klar sagen, dass sie kompletten Unsinn redet, weil sie aus ideologischen Gründen das Thema Umverteilung ausblenden will.

Nimmt man das alles zusammen, muss ich als älterer Mensch allerdings konstatieren, dass die Appelle von Fridays for Future an die falsche Adresse gerichtet sind. Es geht eigentlich nicht um meine Lebensweise, um meine Bereitschaft zur Anpassung, sondern gerade um die der Jungen. Die Klage, dass politisch zu wenig geschieht, ist vollkommen gerechtfertigt. Aber selbst wenn heute das Notwendige in Gang gesetzt würde, dann wäre es vor allem die Generation der heute Achtzehnjährigen, die ihre Lebensweise und ihr Verhalten grundlegend ändern müsste und auch genau dazu ihre Bereitschaft zu erklären hätte.

Ich bin leider sehr oft (allerdings fast nur aus beruflichen Gründen) um die Erde geflogen, habe viele Kilometer im Auto zurückgelegt und weise von daher sicher keine günstige Klimabilanz auf. Heute freue ich mich über jeden Flug, den ich vermeiden kann, benutze die Bahn, wann immer es geht, und pflege meinen Garten in nachhaltiger Weise. Zwar war meine Kindheit von extrem geringer Mobilität geprägt; ich war noch nie auf Mallorca oder Teneriffa und habe nur einmal aus beruflichen Gründen eine Kreuzfahrt mitgemacht. Doch das wird alles nicht ausreichen, um meine Lebensbilanz auf ein vernünftiges Niveau zu bringen. Tut mir leid, aber über viele Jahrzehnte meines Lebens war das Klima einfach kein Thema und selbst nach den Ölpreiskrisen hat die Politik nicht einmal versucht, die Preise für fossile Rohstoffe hoch zu halten.

Die Fridays-for-Future-Bewegung wäre in meinen Augen viel glaubwürdiger, wenn sie den anklagenden Ton gegenüber den Alten ersetzen würde durch ein Bekenntnis zur Anpassung. »Wir sind bereit«, müssten sie sagen, »eine globale Bewegung für hohe und weiter steigende Preise in Gang zu setzen, und wir sind auch bereit, unsere Lebensweise dementsprechend anzupassen. Wir sind bereit«, müssten sie erklären, »politisch für eine Umverteilung von Reich zu Arm zu kämpfen. Mobilität«, müssten sie verkünden, »ist kein Selbstzweck und solange es keine klimafreundliche Fortbewegungsmöglichkeit für die Masse gibt, sind wir auch bereit, die große globale Mobilität, die sich in den vergangenen zwanzig Jahren als nahezu selbstverständliche Lebensweise durchgesetzt hat, in unserer Zeit wieder deutlich zurückzuschrauben.«

Forderungen an die Politik sind das eine, die Bereitschaft, auch Politiker zu wählen, die unangenehme Anpassungen durchsetzen, ist das andere. Wer glaubwürdig sein will, muss sich selbst und der Masse der Bevölkerung sagen, dass die vergangenen vierzig Jahre in den Industrieländern ein grandioser Irrweg waren. Wer mitreden will, muss sich der politischen Auseinandersetzung und der politischen Abstimmung in der Demokratie stellen. Stimmung zu machen, kann ein guter Anfang sein. Am Ende zählt aber nur die Fähigkeit, Menschen zu überzeugen, ohne unehrlich zu werden.

Klimaschutz wird wehtun

Noch einmal zu den Fakten. Die IEA veröffentlicht regelmäßig Zahlen zu den globalen Emissionen an CO_2, die durch den Verbrauch fossiler Energieträger entstanden sind.[19] Das Ergebnis ist ernüchternd (siehe die Abbildung 5).

Abgesehen von dem konjunkturellen Einbruch des Jahres 2009 und der europäischen Wirtschaftskrise 2014 bis 2016 gibt es nichts, was zu der Hoffnung Anlass gäbe, die globale Gemeinschaft, die über das Thema Klimawandel in den hier abgebildeten dreißig Jahren unendlich viel geredet hat, sei in der Lage, ihre auf fossile Energie ausgerichtete Wirtschaftsweise zu ändern.

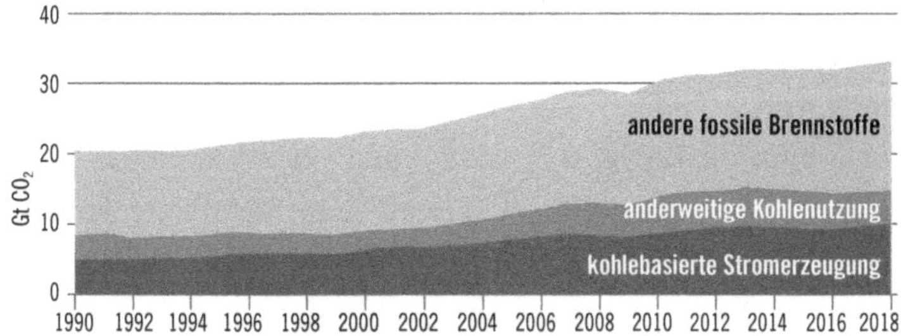

Abbildung 5: Quellen globaler energiebedingter Kohlendioxidemissionen, 1990-2018

Dass sie es nicht tut, ist allerdings vollkommen konsequent, weil sich der reale Preis für fossile Energieträger seit Beginn der Siebzigerjahre nicht erhöht hat. Warum sollte irgendjemand auf dieser Welt Öl, Kohle und Gas einsparen, wenn ihn der Markt jeden Tag auffordert, lustig weiter zu verbrauchen? Auch in anderen Bereichen (über die Bedrohung der Insektenpopulation wird zu Recht viel geredet) kommt der Schutz der natürlichen Umwelt nicht voran, weil es keine Mechanismen gibt, die dafür sorgen, dass weniger Flächen zu biologisch toten Äckern umgewandelt oder gleich zubetoniert werden.

Immerhin wird jetzt auch in Deutschland vermehrt über Preise und Steuern gesprochen. Wer aber glaubt, mit ein bisschen »Bepreisung« hier und da sei eine globale Wende zu erreichen, der liegt fundamental daneben und streut den Wählern Sand in die Augen.

Die Konfusion beginnt schon bei der Beschreibung der Instrumente. Viele sind gegen eine Steuer auf CO_2, weil Steuern einfach immer schlecht seien und man weiß, dass irgendwer die Steuer bezahlen muss. Die Steuergegner sind aber fast immer für Zertifikate, also für eine »Bepreisung« von CO_2, und erwecken dabei den Eindruck, dies müsse außer ein paar großen Unternehmen einfach niemand bezahlen. Das ist Unsinn.

Ob man für Kohle, Gas und Öl mehr bezahlen muss, weil es eine CO_2-Steuer gibt oder weil man Zertifikate kaufen muss, wenn man diese Produkte benutzt, macht keinen Unterschied. Immer muss irgendjemand, und das ist im Zweifel der Endkonsument, dafür bezahlen. Immer stellt sich die Verteilungsfrage, nämlich wer wie viel von seinem Einkommen aufwenden muss, um die höheren Kosten zu tragen. Ist der Staat derjenige, der kurzfristig dabei verdient, muss er klar sagen, auf welche Weise er die eingesammelten Beträge zurückverteilt.

Die zweite Konfusion betrifft den Markt. Die Liberalen erwecken den Anschein, der Markt könne den Verbrauch von fossilen Energieträgern regeln. Das ist, wie weiter unten erklärt, kompletter Unsinn, weil das Angebot auf diesem Markt vollständig und für alle Zeiten vom Staat (der internationalen Staatengemeinschaft) festgelegt und gesteuert werden muss. Kein privater Anbieter könnte ja wissen, um wie viel er pro Jahr das Angebot reduzieren müsste und wie er das mit anderen Anbietern koordinieren sollte.

Wenn man sich weltweit entschlösse, das Angebot von CO_2-Zertifikaten so zu begrenzen, dass 2050 keine CO_2-Emissionen mehr stattfinden, müsste man heute einen Pfad festlegen, entlang dessen das Angebot von CO_2 systematisch bis auf null heruntergefahren wird. Der Preis würde dabei in der Tat dem Ergebnis von (festgelegtem) Angebot und der privaten Nachfrage überlassen, was natürlich zu extremen Preissteigerungen führen könnte.

Das ist jedoch ein Weg, der in den Demokratien politisch niemals durchzuhalten sein wird, weil weitgehend unkontrollierbare Preissteigerungen politisch für die meisten Regierungen nicht zu überleben wären, denn sie würden – zu Recht – dafür verantwortlich gemacht. Es geht nur der Weg über die konsequente Steuerung des Preises auf der globalen Ebene, ohne aber vorhersagen zu können, wann genau das zu dem gewünschten Ergebnis bei der eingesparten Menge an CO_2 führt.

Die dritte große Konfusion betrifft die Frage von Technik und Innovation. Viele glauben, wenn der Staat nur in vielen Bereichen genügend technische Vorgaben mache oder Anreize setzte, dann würde am Ende schon eine ausreichende Reduktion beim Verbrauch fossiler Rohstoffe herauskommen.

Das ist fundamental falsch, weil das auf den Markt drängende Angebot an fossilen Rohstoffen im globalen Maßstab immer abgesetzt wird, ganz gleich, wie viele Länder wie viele technische Vorschriften erlassen. Technische Vorschriften mögen an einigen Stellen auch notwendig sein, mit einer globalen Lösung aber haben sie nichts zu tun.

Die Preisveränderungen zielen aber auch auf die Veränderung der Technik und auf Innovation, kann man an dieser Stelle argumentieren. Das ist richtig, man kann darauf hoffen, dass durch global höhere Preise die Anreize, neue Techniken zu entwickeln, massiv zunehmen und darauf kann man auch in der Tat ein Stück weit bauen. Aber ohne Preiserhöhungen, die dauerhaft angelegt und vorhersehbar sind, hilft das Vorschreiben technischer Änderungen bei einzelnen Produkten oder Produktionsverfahren nicht.

Die vierte und größte Konfusion betrifft die Frage, ob die grüne Revolution für den Menschen einen wirklichen Nutzen bringt oder nicht. Man bekomme ja einen Gegenwert, nämlich eine lebenswerte Umwelt und eine bewohnbare Erde, wenn man höhere Preise für fossile Brennstoffe bezahle, wird argumentiert. Das ist richtig und falsch zugleich und genau deswegen ist es nicht so einfach, wie es klingt.

Die Geschichte der Menschheit ist gekennzeichnet von einem Kampf gegen die »feindliche Natur«, die zu überwinden für die Menschen über Jahrtausende der einzige Weg war, ihre eigene Lage durchgreifend zu verbessern. Die Natur immer effizienter zu »nutzen«, war das Ziel fast aller menschlichen Anstrengungen. Und es ist gelungen. Der Mensch, insbesondere der Mensch in den westlichen Industrieländern, hat, so könnte man es ökonomisch ausdrücken, dauernd seine Terms of Trade zulasten der Natur verbessert. Der größte »Fortschritt« dabei war es ohne Zweifel, dass es den Menschen gelungen ist, die über Jahrmillionen ohne jedes Zutun des Menschen entstandenen fossilen Rohstoffe nutzbar zu machen.

Wer zurückwill zu einer Erde, auf der die Natur wieder einen größeren Platz beansprucht und die vorhandenen natürlichen Ressourcen weniger schnell verbraucht werden, muss bereit sein, die eigenen Terms of Trade zu verschlechtern. Man muss zumindest auf die weitere intensive Nutzung der Natur verzichten und damit Einkommensmöglichkeiten opfern oder gar zurückgehen und auch ein sinkendes Einkommen akzeptieren. Das mag für viele Menschen in der westlichen Welt akzeptabel sein, weil sie inzwischen ein Wohlstandsniveau erreicht haben, bei dem sie ohne Weiteres auf weitere Zuwächse verzichten können (und auch wollen). Ja, man kann durchaus die Meinung vertreten, dass Umweltbewusstsein auch eine Funktion der Einkommensentwicklung ist und keineswegs nur Ausdruck überlegener Einsicht in die ökologischen Zusammenhänge.

Für viele Menschen im Rest der Welt, aber auch für eine nicht zu unterschätzende Gruppe von ärmeren Mitbürgern in den wohlhabenden Ländern gilt das allerdings nicht. Für sie geht es immer noch um den täglichen Kampf ums Überleben oder zumindest um ein Überleben in Würde. Sie haben nicht die gleiche Präferenz für eine Erhaltung der Natur, weil sie bisher keine Chance hatten, an der Verbesserung der Terms of Trade in der Vergangenheit, als man die Natur ausgebeutet hat, teilzuhaben. Man muss ja nur Ostdeutschland anschauen und die Tatsache zur Kenntnis nehmen, dass dort Klimaschutz einen weit geringeren Stellenwert hat als im Westen und auch deswegen die AfD so gute Wahlergebnisse erzielt.

Folglich gibt es das »Wir«, das man im Zusammenhang mit Umweltschutz so gerne benutzt (»wir« sitzen alle im gleichen Boot, »wir« müssen für die zukünftigen Generationen vorsorgen), einfach nicht. Die Verhältnisse sind zu verschieden. Einige Menschen sitzen in Nussschalen und kämpfen ums Überleben, andere schwelgen in großen Jachten. Ich kann mich nur wiederholen: Wer nicht bereit ist, offen und ehrlich über die Verteilungsfrage zu reden, nimmt ein Scheitern der Versuche, den Klimawandel zu begrenzen und die natürliche Umwelt zu regenerieren, von vorneherein billigend in Kauf. Wer nicht bereit ist, die Größe des ökologischen Fußabdrucks als Kriterium dafür zu nehmen, wie stark und in welcher Weise der Einzelne zur Kasse gebeten wird, ist einfach unehrlich in seinem Eintreten für eine bewohnbare Erde.

Das gilt, man muss es leider sagen, für fast alle Parteien in Deutschland. Für CDU/CSU und FDP gilt es sowieso, weil man dort mit dem Plädoyer für Zertifikate schon verschleiern will, wer am Ende den Großteil der Rechnung bezahlt. Aber auch die Grünen und die SPD sind keineswegs klar in der Frage. Ein wenig Umverteilung kann man sich schon vorstellen und ist man auch bereit öffentlich einzuräumen, aber den großen Wurf, bei dem auch die untersten Einkommensschichten merken, dass sie mit im Boot sitzen, den kann man von den beiden Parteien nicht erwarten, weil sie fürchten, in die linke Ecke geschoben zu werden. Da ist schon die Linke und wird von allen Seiten bekriegt wegen ihrer Umverteilungsfantasien.

Die AfD schließlich hat sich perfekt positioniert, um die Armen zu »retten«, wenn die anderen tatsächlich Ernst machen würden mit der »Bepreisung« der Umwelt. Allerdings nicht, indem sie selbst für Umverteilung plädiert, sondern indem sie das Problem einfach bestreitet. Das ist genau die Position, die eine demokratische ökologische Wende zu Fall bringt, wenn sie nicht über Umverteilung zugunsten der unteren Einkommensklassen abgesichert ist. Wie Trump (»I don't believe it«) ignoriert diese Position einfach den wissenschaftlich erarbeiteten Befund und muss folglich der eigenen Klientel auch nichts zumuten.[20]

Wer dagegen argumentieren will, tut sich schwer, weil außer nicht leicht zu kommunizierenden naturwissenschaftlichen Argumenten nur noch Beschimpfungen übrig bleiben. Nur das glaubhafte Versprechen, alle Bevölkerungsschichten mitzunehmen, wenn die unvermeidbaren Kosten anfallen, könnte hier Abhilfe schaffen. Doch da sträubt sich bei vielen Politikern »links und rechts der Mitte« die Feder, haben sie doch jahrelang gepredigt, dass Umverteilung zugunsten der Armen den Reichen die Lust an der Leistung nehme. Dass sie eines Tages dieses Argument kassieren müssten, weil es um die Rettung der Erde geht, hätten sie sicher nicht gedacht. Wollen sie den »Klimaleugnern« etwas entgegensetzen, müssen sie aber genau hier Farbe bekennen.

Ist die Lösung grüne Politik?

Sich zur Bekämpfung des Klimawandels zu bekennen, hat den Grünen viele politische Siege beschert. Doch das hilft Europa und dem Klima nichts, weil die Partei wirtschaftspolitisch dilettiert und deutscher Dominanz nicht entschieden entgegentritt. Die Partei, die in Deutschland und Europa als der große Gewinner aus den letzten Wahlen hervorgegangen ist, hat panische Angst vor jeder Position, die den wirtschaftspolitischen Mainstream infrage stellt.

Die Angst der Grünen vor der Wirtschaft und vor unorthodoxen Positionen in der Wirtschaftspolitik ist so groß, dass sie sich in die Arme von Parteien begibt, die für den Klimawandel nur Lippenbekenntnisse aufbringen oder Bekenntnisse zur Marktwirtschaft im Umweltschutz, die unendlich weit von einer ernsthaften Auseinandersetzung mit der Problematik entfernt sind. Alles scheint für den grünen Spitzenpolitiker erträglicher zu sein, als die Vorurteile der schwäbischen Hausfrau in Sachen »Haushaltsdisziplin« infrage zu stellen.

Das hat oberflächlich mit der naiven Vorstellung zu tun, in gesamtwirtschaftlichen Fragen gäbe es ein Konzept der Nachhaltigkeit und des Schutzes der zukünftigen Generationen, das es verbietet, über staatliche Kreditaufnahme auch nur nachzudenken. Die tieferliegende Ursache ist jedoch, dass in der Partei seit ihren Gründertagen niemand nach oben kommen darf, der wirtschaftspolitisch bis drei zählen kann, weil die Mitglieder den Generalverdacht hegen, dass »Wirtschaftsexperten« notorisch Wirtschaftsinteressen vertreten.

Das liegt wiederum daran, dass schon vor der Gründung der Grünen, in den Siebzigerjahren also, von der herrschenden Ökonomik eine Einordnung des Umweltschutzes in die gesamtwirtschaftlichen Ziele vorgenommen wurde, bei der von vorneherein ein fundamentaler Konflikt zwischen diesen und einer lebenswerten Umwelt unterstellt wurde. Das ist zwar schon immer falsch gewesen, aber die Grünen haben es bis heute nicht begriffen und sich somit von Anfang an in einer Weise positioniert, als ob man nur mit Fundamentalopposition bei wirtschaftspolitischen Fragen seine ureigenen Ziele durchsetzen könne.

Will die Partei ihre neue Stärke wirklich nutzen und sich erfolgreich für die Umwelt engagieren, muss sie ihre wirtschaftstheoretischen Lücken dringend schließen. Wer als eine der großen Parteien auf Bundesebene Verantwortung übernehmen will, darf die Wirtschaft nicht denen überlassen, die sich als Vollstrecker des Willens der großen Unternehmen verstehen. Bleibt es bei dem wirtschaftspolitischen Vakuum der Grünen, wird sie in einer Jamaika-Koalition auf Bundesebene gnadenlos von CDU/CSU und FDP auf einen engen neoliberalen Pfad gedrängt, auf dem am Ende für effektiven Umweltschutz kein Platz mehr ist.

Mit der Art von Symbolpolitik, wie sie den konservativen Parteien im Umweltbereich vorschwebt, lassen sich grüne Wähler jedoch auf Dauer nicht abspeisen. Robert Habeck glaubt offenbar wirklich, was er landauf, landab verkündet, dass er nämlich eine erfolgreich arbeitende Jamaika-Koalition in Schleswig-Holstein ausgehandelt habe und dass das zeige, was in dieser Konstellation möglich sei. Damit ist er ganz grundsätzlich auf dem Holzweg. Auf der Bundesebene und auf der europäischen Ebene gilt es, wirtschaftliche Probleme zu adressieren, die sich den Vorstellungen eines Provinzpolitikers vollständig entziehen und mit den Mitteln der Provinzpolitik nicht zu bewältigen sind.

Die Grünen sind jetzt klar die zweitstärkste deutsche Partei im Europaparlament und haben damit Verantwortung für Bereiche zu übernehmen, die sie bisher weitgehend ignoriert haben. Sven Giegold hat sich in der vergangenen Legislaturperiode zwar mit Verve in Details der europäischen Finanzmarktregulierung gestürzt und hat in Sachen Brüsseler Lobbyismus sicher viele wichtige Beiträge geliefert, seine Position zu gesamtwirtschaftlich relevanten Themen ist aber extrem dünn. Auch er votiert im Zweifel für den Mainstream, weil er nicht die Voraussetzungen dafür hat, eine eigenständige und unorthodoxe Position zu vertreten. In der gesamten Eurokrise hat man keine eigenständige grüne Position vernommen, was deswegen besonders schlimm ist, weil die Grünen mit daran schuld sind, dass Deutschland unter Schröder zum Spaltpilz für die Eurozone geworden ist.

Noch schlimmer ist es, dass die Unterstützung der grünen Europaparlamentarier für das Verfahren des »Spitzenkandidaten«, die sicher ihrer Vorstellung von der Vollendung eines politisch geeinten Europas geschuldet ist, zu einer ungeheuren Machtballung Deutschlands führt. Im Europäischen Parlament besetzen die Deutschen die meisten Sitze. Im Europäischen Rat ist Deutschland wegen seines wirtschaftlichen Gewichts ohnehin die mit Abstand stärkste Macht. Nun führt eine Deutsche die Kommission, die im Übrigen schlicht aus Personen besteht, die von ihren Ländern entsandt worden sind. Damit sind auf allen drei Entscheidungsgremien die Deutschen mit einer Übermacht vertreten, die nur böses Blut schaffen kann.

Bewegen sich die Grünen in Deutschland in Richtung Jamaika, unterstützen sie die unheilvolle Tendenz zu noch mehr konservativer deutscher Dominanz in Europa. Die kann angesichts der Frustration in vielen Ländern nur mit zunehmender europäischer Desintegration enden. Italien sollte eine Warnung sein. Mehr als dreißig Prozent für die Lega zeigen, dass im drittgrößten Land Europas die große Schaumschlägerei zugunsten von Europa überhaupt nicht verfangen hat. Auch in Frankreich wird dem Präsidenten derzeit klargemacht, wie dünn seine Machtbasis ist und wie frustriert die Franzosen weiterhin sind.

Grüne im 20-Prozent-Bereich können die entscheidenden europäischen Themen nicht mehr umgehen, ohne unglaubwürdig zu werden. Dazu gehören Wirtschafts- und Finanzpolitik ebenso wie Geldpolitik und die entscheidende Frage, auf welche Weise man dafür sorgen kann, dass Länder wie Italien und Frankreich Luft zum Atmen bekommen. Wer an Schuldenbremsen und vergleichbaren Vehikeln in Europa festhält, ohne die wirtschaftlichen Grundkonstellationen und die dadurch ausgelösten Zwänge für viele Mitgliedsländer zur Kenntnis zu nehmen, ist am Ende mitverantwortlich für deren fatale Wirkungen. Man kann lange über die Bedeutung eines vereint agierenden Europas für die Klimapolitik oder den sozialen Zusammenhalt philosophieren. Nur ein wirtschaftlicher Durchbruch, der von allen Ländern als solcher empfunden wird, kann auch die Bereitschaft wecken, sich in Sachen Umweltschutz weit stärker als bisher in die Bresche zu werfen.

Klimawandel und das Wirtschaftssystem

Das Klimapaket der Bundesregierung ist mit heftiger Kritik von vielen Seiten beantwortet worden. Doch ein großer Teil der Kritik ist unehrlich, weil sich auch die meisten derjenigen, die jetzt Halbherzigkeit beklagen, vor einer offenen Debatte scheuen.

Am Tag der Klimaentscheidung der Bundesregierung und großer globaler Klimademonstrationen im September 2019 habe ich abends in Frankfurt bei einer Podiumsdiskussion über den Kapitalismus gesprochen.[21] Natürlich ging es auch da vorwiegend um die Frage, ob der Kapitalismus das geeignete System ist, um mit dem Klimawandel umzugehen.

Es ist mir in dieser Diskussion klargeworden, dass eine Position, wie ich sie vertrete, schon deswegen auf viel Skepsis und Unverständnis trifft, weil die Mehrheit der Zuhörer sich nicht vorstellen kann, was es heißt, den (kapitalistischen oder marktwirtschaftlichen) Strukturwandel zu beschleunigen, um die Klimafrage zu lösen. Auch können viele nicht nachvollziehen, wie sich eine dauerhafte Preisänderung, wie ich sie für richtig halte, auswirkt und warum gerade diese Maßnahme so besonders wichtig ist. Deshalb will ich einige Punkte noch einmal konkretisieren.

Der Preis für fossile Energieträger ist auf lange Sicht gesehen deswegen so wichtig, weil man nur über einen hohen und stetig immer weiter steigenden Preis die Verwendung dieser Stoffe auf allen Ebenen und an allen Orten der Erde vermindern kann. Da auf Dauer die Preiserhöhung einhergehen muss mit einer systematischen mengenmäßigen Einschränkung des Angebots der fossilen Energieträger, wirkt die Preiserhöhung universal und lässt keine Schlupflöcher offen, wo fossile Energie doch wieder verschwendet werden kann, wie das bei allen anderen Maßnahmen der Fall ist.

Die Kritik der Partei die Linke an der (sehr moderaten) Preiserhöhung durch die Bundesregierung kann ich deswegen überhaupt nicht nachvollziehen. Man sagt, man bevorzuge das Ordnungsrecht. Das Ordnungsrecht, also zum Beispiel das Verbot einiger Verwendungen fossiler Energieträger oder die Förderung erneuerbarer Energien, kann man durchaus in Erwägung ziehen, aber ohne Preiseffekte ist das vollkommen sinnlos, weil die Ordnungsmaßnahmen niemals auch nur annähernd all die Bereiche abdecken können, die man wirklich braucht, um effektiv für eine Einsparung zu sorgen. Man bräuchte wirklich eine Verbots- und Gebotsorgie, wie sie die Welt noch nicht gesehen hat, um mit dem Ordnungsrecht auf sichtbare Effekte zu kommen.

Preiseffekte haben in einer Marktwirtschaft zudem eine enorme Anreizwirkung. Für Unternehmen, die wissen, dass der Preis für fossile Energieträger auf Dauer real steigen wird (also stärker als der Durchschnitt aller anderen Preise), ergeben sich enorme Gewinnchancen, wenn es ihnen gelingt, die fossilen Energieträger effizienter einzusetzen oder durch neue Produkte ganz zu ersetzen. Das ist ein Effekt, den man durch das Ordnungsrecht niemals in der Breite erzielen kann wie bei Preiserhöhungen, zumal nicht auf der globalen Ebene, wo er wirklich gebraucht wird.

Aber auch das immer wieder zu hörende Argument, bei allgemeinen Preiserhöhungen würden vor allem die unteren Einkommen belastet, was beim Ordnungsrecht nicht der Fall sei, ist falsch. Beim Ordnungsrecht kennt man die Preiseffekte allerdings nicht so genau, die von einem Sammelsurium von Maßnahmen ausgehen. Verbietet man zum Beispiel die Herstellung von Autos mit Verbrennungsmotoren ab einem bestimmten Zeitpunkt, wie es der Linken vorschwebt, können auf die unteren Einkommen enorme Einkommensverluste durch Preiseffekte zukommen, ohne dass sie genau erfassbar wären. Der gebrauchte Diesel, den viele Arbeiter auf dem Land benötigen, um günstig zur Arbeit zu kommen, würde unter Umständen sehr teuer werden, weil es für diesen Wagen keinen Nachschub mehr gäbe. Vergleichbare neue Elektroautos könnten so teuer sein, dass sich der normale Arbeiter gar kein Auto mehr leisten könnte, auch deswegen, weil es bei Elektroautos vermutlich keinen vergleichbaren Gebrauchtwagenmarkt geben wird, da die Lebensdauer der sehr teuren Batterien begrenzt ist.

Außerdem ist es generell nicht gerechtfertigt, die Lenkungswirkung, die von höheren Preisen ausgeht, auf bestimmte

Bevölkerungsgruppen zu beschränken. Alle sollen sich anpassen und der Strukturwandel, der von dauerhaft höheren Preisen angeregt wird, darf gerade nicht durch Ausnahmen immer wieder infrage gestellt werden. Dass die Menschen mit geringeren Einkommen gleichzeitig großzügig entlastet werden sollten, ist keine Frage, aber auch sie sollen die Lenkungswirkung spüren und ihre Konsummuster entsprechend verändern.

Bei der Umverteilung, die einen solchen von Preisen ausgelösten Strukturwandel begleiten muss, sollte man allerdings viel weiter gehen, als es üblicherweise der Fall ist. Nur darauf zu beharren, wie es die Grünen meistens tun, dass konkrete Belastungen, die von staatlichen Maßnahmen im ökologischen Bereich ausgehen, kompensiert werden, ist bei Weitem nicht genug. Eine Kopfpauschale etwa (also etwa hundert Euro für jeden Bürger) ist bei fast allen Belastungen völlig unzureichend und unangemessen.

Durch den vom Staat induzierten Strukturwandel werden Haushalte, die nur wenige Mittel zur Verfügung haben, weit überproportional in den Konsumbereichen belastet, die für sie unabdingbar sind. Wer am Rande der Stadt wohnt, weil er sich nur dort eine Wohnung leisten kann, wird automatisch viel stärker zur Kasse gebeten als derjenige, der in einem schicken Apartment in der Innenstadt wohnt. Entscheidend ist aber, dass generell davon auszugehen ist, dass das individuelle Arbeitsplatzrisiko (nicht ein genereller Anstieg der Arbeitslosigkeit!), das vom Strukturwandel ausgeht, viel mehr und viel stärker die Menschen mit geringerem Einkommen und fragilen Arbeitsbedingungen trifft. Für diese Gruppen ist es sehr viel schwerer, sich daran anzupassen (bei einem Umzug wegen Arbeitsplatzwechsels beispielsweise).

Die Verteilungseffekte im Einzelnen dürften kaum zu berechnen sein, weswegen man sich politisch darauf kaprizieren sollte, wirklich in großem Stil umzuverteilen beziehungsweise dies zu fordern. Genauso wenig, wie man von vorneherein die Lenkungswirkung mit der Verteilungsfrage verknüpfen sollte, sollte die Forderung Umverteilung ganz eng mit der Klimafrage verknüpft werden. Es sollte klar sein, dass alle Bevölkerungsgruppen mitgenommen werden müssen, um den vom Staat induzierten Strukturwandel zu akzeptieren.

Toll fand ich die Reaktion von dem einzigen grünen Ministerpräsidenten auf das Paket der Bundesregierung. Winfried Kretschmann findet, die Bepreisung von einer Tonne CO_2 mit zehn Euro sei ein »Treppenwitz«, schon die Schweiz bepreise sie mit umgerechnet achtzig Euro. »Wenn das Benzin drei Cents teurer wird«, sagt er, »dann steigt doch keiner um vom Auto – so stark schwankt der Preis doch schon an einem Tag!«[22] Das ist in der Tat toll: Ein ausgewachsener Grüner erwähnt auf einmal den Zusammenhang von CO_2-Bepreisung und dem Benzinpreis, der bisher ein Tabu war.

Hat jemand von den Grünen und von Herrn Kretschmann vorher gehört, dass sie gefordert hätten, der Benzinpreis müsse um fünfzig Cent oder gar einen ganzen Euro teurer werden? An mir ist das vorbeigegangen. Von CO_2-Bepreisung haben sie zwar viel geredet, aber richtig konkret geworden sind sie nicht. Auch in ihrem aktuellen Programm vom Sommer 2019[23] ist zwar die Rede von einer »fairen« CO_2-Bepreisung in Höhe von vierzig Euro je Tonne, aber nirgendwo habe ich gefunden, was das genau für den Benzinpreis ausmacht und wieso man erwartet, dass wegen zehn Euro (die laut Koalition bis 2025 auf 35 Euro steigen sollen) zwar keiner umsteigt, aber bei 40 Euro in großen Mengen. Warum man sich nicht wenigstens so viel zutraut wie die Schweiz, die Kretschmann doch als Beispiel hervorhebt, bleibt ein Geheimnis der Grünen. Auch die Frage, warum gerade die vierzig Euro ein »fairer Preis« sein sollen, lässt sich nicht beantworten.

Die Grünen haben ebenso wenig wie die anderen Parteien verstanden, dass es nicht um Statik, sondern um Dynamik geht. Es geht nicht um die Anpassung an einen einmaligen Preisschub, der von der Politik erzeugt wird, sondern um eine völlig andere, langfristige Dynamik des Strukturwandels – auf der ganzen Welt! Dieser Strukturwandel stellt hohe Anforderungen an die Mobilität der Menschen (in verschiedener Hinsicht). Und die Staaten müssen, um den Strukturwandel erträglich zu machen, über sehr lange Fristen eine sehr erfolgreiche Wirtschaftspolitik betreiben. Von alldem wissen die Grünen so wenig wie die Bundesregierung und darum gibt es für sie – außer politischer Propaganda – keinen Grund, sich über das mutlose Paket der Koalition zu echauffieren.

Klimawandel – wer agiert und wer agiert global?

Die New Yorker Klimawoche im September 2019 hat erneut das zentrale Problem gezeigt: Es gibt keinen globalen Akteur. Auf nationaler Ebene reagiert die Politik lediglich auf die nationalen Herausforderungen. Es gibt folglich keine globale Absprache. Ohne die geht es aber nicht.

Nach der Klimawoche bei den Vereinten Nationen sind die Delegationen wieder unter hohem CO_2-Ausstoß nach Hause geflogen und herausgekommen ist – nichts! Man konnte in dieser Woche lernen, dass Brasilien einen Verrückten zum

Präsidenten gewählt hat, dass ein junges Mädchen total überfordert ist mit der Rolle, in die sie medial gedrängt wird, und dass die Bundeskanzlerin international das, was sie selbst »Pillepalle«[24] nennt, als ernsthafte Politik verkauft.

Die Klimaforscher sind entsetzt und wissen schon gar nicht mehr, welche Drohungen sie noch ausstoßen sollen, um die Politik zur Raison zu bringen. Jemand sagte sogar, vor einem Krieg könne man ja auch gewaltige Ressourcen mobilisieren und massiven Wandel erzwingen. Das stimmt. Da sind aber auch die Verantwortlichkeiten klar verteilt. Es gibt eine konkrete Drohung und es besteht die konkrete Gefahr, dass die eigene Bevölkerung in extremem Maße leidet, wenn die nationale Politik nicht handelt.

Das aber ist es doch genau, werden die Klimaforscher sagen, was uns droht, wenn »wir« nicht handeln. Das Missverständnis kommt daher, dass für die nationale Politik vollkommen unklar ist, wer »wir« sind. Für Deutschland muss man am Ende dieses Sommers konstatieren, dass es erneut heiß war, dass ein zweiter »italienischer Sommer« die verregnete Jahreszeit, die früher Sommer genannt wurde, abgelöst hat. Katastrophe sieht anders aus.

Aber genau auf der Basis dieser »Katastrophe« müsste die deutsche Politik der deutschen Bevölkerung sagen, dass sie ihren Lebensstil quasi über Nacht in dramatischer Weise ändern muss. Und, das kommt erschwerend hinzu, sie müsste der deutschen Bevölkerung in überzeugender Weise darlegen können, dass das Opfer, das sie von der deutschen Bevölkerung verlangt, mit an Sicherheit grenzender Wahrscheinlichkeit den Rest der Welt (Trump und Bolsonaro eingeschlossen) dazu anregen wird, das Gleiche zu tun, weil es ja nur dann wirklich etwas nützt.

Auch den deutschen Unternehmen muss die Politik, um wirklich überzeugend zu sein, sagen können, dass sie nicht an Wettbewerbsfähigkeit verlieren, weil bei den Handelspartnern ja überall das Gleiche geschieht (oder Deutschland von den Handelspartnern das Sonderrecht eingeräumt bekommt, Zölle einzuführen, die den deutschen Unternehmen Schutz bieten). Letzteres ist bei Deutschlands »vorbildlichem« Verhalten in Sachen Wettbewerbsfähigkeit in den vergangenen zwanzig Jahren sicher keine einfache Aufgabe.

Das ist eine Kommunikationsaufgabe, die auf nationaler Ebene schlicht unlösbar ist. Es gibt eben nicht »die Menschen« und es gibt keine Institution, die den Auftrag hätte, für »die Menschen« zu handeln. Aber es gibt doch die Vereinten Nationen, wird man sagen, die den Auftrag haben, im Namen der Menschen zu handeln. Das ist jedoch ein erneutes Missverständnis. Die Vereinten Nationen haben ihren Auftrag nicht von »den Menschen«, sondern von den nationalen Regierungen, und das ist ein entscheidender Unterschied.

Die vielen Organisationen, die unter »Vereinte Nationen« zusammengefasst werden, sind vollkommen abhängig von den Entscheidungen der nationalen Regierungen. Nur das, was eine Mehrheit der nationalen Regierungen beschließt, ist für die Vereinten Nationen formal bindend. Aber selbst das ist nur die halbe Wahrheit. In der Regel versucht man bei wichtigen Fragen Einstimmigkeit herzustellen, weil bei einfachen Mehrheiten der »Legitimationsdruck«, der von der Entscheidung ausgeht, von vorneherein nicht groß genug ist, um auch mächtige Nationen und vor allem die großen Geldgeber einzubinden. Aber Einstimmigkeit in Resolutionen bedeutet größtmögliche Unschärfe in den Aussagen einer solchen Resolution und es bedeutet gerade nicht, dass die Länder sich an das halten, was sie einmal durchgewunken haben.

»Deutschland hat das Pariser Abkommen doch unterschrieben«, sagen die jungen Leute von Fridays for Future. Deutschland aber hat schon so vieles in diesem Sinne »unterschrieben«, ohne sich jemals daran zu halten. Ein Beispiel unter vielen, aber ein besonders eklatanter Fall, ist die Vereinbarung aus dem Jahre 1970, dass die Industrieländer den Entwicklungsländern 0,7 Prozent ihres Bruttonationaleinkommens als Entwicklungshilfe zur Verfügung stellen sollen. Noch nie in den fünfzig Jahren, in denen es diese Vereinbarung gibt, hat sich Deutschland darangehalten. Auf die Hälfte ist man knapp gekommen, wenn man alles zusammengekratzt hat. 2017 hat man aber in einer nur als schändlich zu bezeichnenden Aktion die Definition von Entwicklungshilfe geändert und die Hilfen für Flüchtlinge im Inland dazugerechnet, sodass man auf fast 0,7 Prozent kam. Das sagt alles über solche »Vereinbarungen«.

Das Sekretariat der Vereinten Nationen (also der Generalsekretär und seine Mitarbeiter) könnte dennoch mehr tun, wenn es sich nicht damit bescheiden würde, Ziele festzusetzen, sondern in der Auseinandersetzung mit den nationalen Regierungen darauf beharren würde, dass irgendwo auf der globalen Ebene auch ganz konkret über Instrumente gesprochen werden muss. Man kann die Erzeugung fossiler Rohstoffe auf der gesamten Welt nur im Rahmen einer internationalen Konvention herunterfahren. Auch hier gilt, dass der einzelne Produzent nichts tut, wenn nicht auch die anderen Produzenten verpflichtet sind, das Gleiche zu tun.

Das Sekretariat hätte wenigstens diese kritischen Fragen und die generelle Frage nach den heute extrem niedrigen

Preisen für fossile Energie in den Vordergrund der Tagung schieben müssen. Doch das ist politisch ein heißes Eisen, weil die Produzenten sofort auf die Barrikaden gehen, wenn ihnen jemand sagt, auch sie – und nicht nur die Nachfrager nach fossilen Energieträgern – müssten auf die globale Herausforderung angemessen reagieren.

Wie schon bei den sogenannten Millenniumszielen, die den Entwicklungsländern Anreize und Ansatzpunkte geben sollten, um eine möglichst nachhaltige Entwicklung zu erreichen, bleibt das Konzept steril, wenn die Organisation, die dahintersteht, nicht das Recht hat (und auch nicht auf dem Recht beharrt), über den Weg zu den Zielen und über Alternativen zum neoliberalen Weg zu reden.

Paradoxerweise wird ein kompetenter globaler Ansprechpartner von praktisch niemandem gefordert. Es ist aber klar, dass es beim Klimaproblem, wie oben angedeutet, jede Menge sogenannter »fallacies of composition« gibt, also von Problemen, für die es auf nationaler Ebene nur dann sinnvoll ist, eine Lösung zu finden, wenn es für diese Probleme auch einen globalen Ansatz gibt. Nationale Regierungen, die es mit dem Kampf gegen den Klimawandel ernst meinen, müssten daher eine solche weltweite Koordinierungsstelle, die zumindest mit der Macht ausgestattet ist, nationale Regierungen zur Koordination zu drängen, offensiv fordern.

Das tut aber niemand. Man fliegt unter Ausstoß erheblicher Mengen an CO_2 nach New York, um dort zu verkünden, was jeder Mensch jederzeit im Internet nachlesen kann. Daraus ergibt sich die einfache Schlussfolgerung, dass genau zu dem Zeitpunkt, wenn auf Einladung des Sekretariats der Vereinten Nationen die Delegationen aus den Konsumentenstaaten (der fossilen Energieträger) nach New York reisen, um mit den Produzenten darüber zu verhandeln, wie man den Ausstieg aus der fossilen Energie gemeinsam bewältigen kann, der ernsthafte Kampf gegen den Klimawandel beginnt. Das ist sicher nicht alles, aber ohne das ist alles nichts.

Nimmt man alles zusammen, ist das Ergebnis einfach, aber ernüchternd: Der Vertrag von Paris steht auf dem Papier und genau da wird er bleiben. Die Welt ist aus vielen Gründen unfähig, das zu tun, was sie sich selbst zum Ziel gesetzt hat. Unsere Regierungen werden weiterhin etwas Optimismus verbreiten, aber nicht wirklich zu den Mitteln greifen, die man bräuchte, um eine Wende herbeizuführen. Wenn es zu spät ist, werden sie auf andere verweisen und sagen, die haben es ja auch nicht geschafft.

V. Wie es weitergehen könnte

Ich will zum Ende dieses Buches einen Ausblick wagen. Und siehe da, er ist weniger pessimistisch, als man glauben könnte. Das System Marktwirtschaft ist prinzipiell extrem flexibel und kann eine ganz andere Richtung als die gegenwärtige einschlagen, ohne an Effizienz einzubüßen. Verstünden wir nur hinreichend gut, wie das System funktioniert, könnten wir es auch umsteuern in Richtung eines auf lange Sicht ökologisch verträglichen Wirtschaftens.

Die Aufgabe, die menschliche Zivilisation in einer Weise umzuformen, dass sie ihre Offenheit und Dynamik nicht vollständig einbüßt und sich dennoch kompatibel mit einer relativ intakten Umwelt entwickelt, ist im Prinzip lösbar. Das, was einer Lösung unter den heutigen politischen Verhältnissen im Wege steht, sind weniger objektive Gegebenheiten als Ideologien. Die herrschende statische Wirtschaftstheorie, die man wegen ihrer unerträglichen Nähe zu den Interessen der gegenwärtig erfolgreichen Unternehmen als Ideologie betrachten muss, ist das Haupthindernis.

Eine konsequente Vollbeschäftigungspolitik bei gleichzeitiger großzügiger Absicherung der Armen würde in vielen Ländern der Erde die Chancen dramatisch erhöhen, einen forcierten Strukturwandel in Richtung ökologischer Verträglichkeit des Wirtschaftens durchzusetzen. Die gegenwärtig betriebene Wirtschaftspolitik hat kein Interesse an Vollbeschäftigung und eine Umverteilung zugunsten der ärmeren Bevölkerungsschichten will sie auf jeden Fall vermeiden.

Diejenigen, die sich mit Verve für Umweltbelange einschließlich der Verhinderung des Klimawandels einsetzen, sollten daher genau wissen, wer ihre Gegner sind.

Es ist nicht der Arbeiter, der für den Erhalt seines Arbeitsplatzes kämpft, sondern es sind die Unternehmen und Politiker, die unbedingt an der heutigen Produktionsstruktur festhalten wollen und damit verhindern, dass der Arbeiter schnell einen vernünftigen neuen Arbeitsplatz findet und jederzeit großzügig sozial abgesichert ist.

Gegner ist auch nicht das Entwicklungsland, das zu verhindern versucht, dass seinen Bürgern die geringe Chance, ihren Lebensstandard zu verbessern, dadurch geschmälert wird, dass sie Umweltauflagen erfüllen und einen hohen Preis für fossile Energie bezahlen müssen. Gegner ist in dem Fall wiederum die wirtschaftspolitische Ideologie, die den meisten Entwicklungsländern aufgezwungen wurde und verhindert hat, dass sie selbst in einer Zeit, in der fossile Energieträger spottbillig waren, aufholen und ihren Bürgern ein menschenwürdiges Leben ermöglichen konnten.

Gegner sind auch nicht die Konsumenten, die billige Energieträger kaufen, sich billige Flüge leisten oder viel zu große Autos fahren. Sie alle sind nicht Täter, sondern Opfer. Sie sind Opfer eines Systems, das zur Verschwendung aufgerufen hat. Deswegen nützt es auch nichts, dem einzelnen Konsumenten ein schlechtes Gewissen à la Flugscham einreden zu wollen oder gar mit moralischen Urteilen um sich zu werfen. Das gilt für Jung wie für Alt. Weder haben die Alten versagt, noch sind die Jungen klüger oder verhalten sich besser. Solange es nicht gelungen ist, politische Mehrheiten auf der globalen Ebene für eine radikale Umsteuerung des Systems zu gewinnen, ist jeder, der die Signale dieses Systems aufnimmt und sich dementsprechend verhält, vollkommen auf der richtigen und auch auf der moralisch gerechtfertigten Seite.

Gegner sind auch nicht die Verteidiger der Marktwirtschaft oder des Kapitalismus generell. Die ökologische Frage ist keine Systemfrage. Man kann den Kapitalismus leichter umsteuern als jedes andere System und der Kapitalismus ist erfindungsreicher als alle Systeme, die bisher erprobt wurden. Wer die Klimafrage mit Systemüberwindung vermischt, macht sich unnötig angreifbar.

Gegner sind auch nicht die Verteidiger der Demokratie. Der dümmste aller Sätze ist schon gesagt worden, nämlich dass die Klimafrage größer und wichtiger sei als die Demokratie. Das ist sie nicht. Was nicht im Rahmen demokratischer Prozesse erreichbar ist, ist es nicht wert, erreicht zu werden. Eine ökologisch fundierte Willkürherrschaft wäre nicht nur zivilisatorisch ein Rückschritt, sondern am Ende auch ökologisch, weil das, was die Bereitschaft zum ökologischen Umbau bei der großen Masse der Menschen entscheidend fördert, die Überwindung von Armut und Angst, bei einem diktatorischen Regime infrage gestellt wäre.

Gegner sind ohne Zweifel die Produzenten fossiler Energieträger auf der ganzen Welt. Sie verteidigen »ihre Freiheit«, mit den ihnen zufällig zugefallenen Ressourcen zu tun und zu lassen, was sie wollen, ganz gleich, ob das im Interesse der Menschheit insgesamt ist oder nicht. Doch genauso wenig, wie der Regenwald dieser Erde der Verfügbarkeit und der potentiellen Willkür weniger Staaten unterstehen darf, kann man zulassen, dass die Rohstoffe aufgrund der Partialinteressen einzelner Länder (und deren Potentaten) ohne Rücksicht auf Verluste ausgebeutet werden. Folglich muss man mit diesen Ländern von Seiten der Mehrheit der Staaten hart verhandeln und klarmachen, dass es all die Chancen, die eine internationale Zusammenarbeit und Handel schaffen kann, für diese Länder nicht gibt, wenn sie nicht in der Ressourcenfrage kooperieren.

Gegner sind auch, das muss man leider sagen, die gegenwärtig produzierenden Unternehmen, die mit allen Mitteln und all dem Geld, das sie haben, ihre Pfründe verteidigen. Ihre Interessenvertretung muss man mit demokratischen Mitteln überwinden, denn sie sind diejenigen, die darauf beharren, dass die Gewinnmöglichkeiten der jetzigen Produktion über allem stehen. Das tun sie aber nicht.

Gegner sind aber keinesfalls die Unternehmen als solche. Tausendmal wichtiger als die heute produzierenden Unternehmen sind die Unternehmen, die es jetzt noch gar nicht gibt, die aber die Chancen ergreifen werden, welche im Rahmen einer wirklichen ökologischen Wende ohne Zweifel entstehen.

Wer diese Zusammenhänge begreift, wird auch schnell begreifen, dass es eine Koalition der grünen Bewegung mit konservativen Parteien, wie sie jetzt in Österreich zum ersten Mal versucht wird, mit wirklichen Erfolgsaussichten nicht geben kann. Konservative Parteien verstehen sich immer als die Interessenvertreter der gegenwärtig produzierenden Unternehmen. Gerade deren Interessen aber muss eine ökologisch fortschrittliche Partei massiv in Frage stellen. Hinzu kommt die soziale Frage. Man sollte sich ansehen, wie die deutsche Koalitionsregierung aus Christdemokraten und Sozialdemokraten die Belastungen ihres jüngsten Klimapakets verteilt hat.[1] Die Wirkungen sind laut den Berechnungen des Deutschen Institut für Wirtschaftsforschung eindeutig regressiv, das heißt, die Haushalte mit den unteren Einkommen werden stärker belastet als die mit höheren Einkommen.

Ein solches Ergebnis ist kein Zufall, sondern hat System. Nimmt man hinzu, dass mit den Konservativen auch niemals eine progressive Wirtschaftspolitik an der Vollbeschäftigungsgrenze zu machen ist, kann man ausschließen, dass erfolgreiche schwarz-grüne Koalitionen gebildet werden. Um auf demokratischem Wege etwas zu erreichen, müssen grüne Parteien ihr wirtschaftspolitisches Profil schärfen, sich vom Neoliberalismus vollständig lösen, globale Zusammenhänge in den Fokus nehmen und die soziale Frage zu einem Kernelement ihrer Programmatik machen.

Anmerkungen

1 Paris, Madrid und die Freitage

1 Fischbach, Rainer: »Automobilindustrie in der Sackgasse«, in: *Makroskop*, 11.09.2019, online unter: https://makroskop.eu/2019/09/automobilindustrie-in-der-sackgasse/, abgerufen am 27.01.2020.

2 https://fridaysforfuture.de/startseite-2/, abgerufen am 24.03.2020.

3 Ebd.

4 Bernau, Patrick: »Umweltpolitik nach dem Zufallsprinzip«, in: *Frankfurter Allgemeine Zeitung*, 07.09.2019, online unter: https://www.faz.net/aktuell/wirtschaft/umweltpolitik-dieser-wochen-nach-dem-zufallsprinzip-16373210.html, abgerufen am 27.01.2020.

5 Stöcker, Christian: »Gemeinsam gegen den Golem«, in: *Spiegel Wissenschaft*, 16.09.2019, online unter: https://www.spiegel.de/wissenschaft/mensch/klimakrise-gemeinsam-gegen-den-golem-a-1286896.html, abgerufen am 27.01.2020.

6 Sachverständigenrat zur Begutachtung der gesamtwirtschaftlichen Entwicklung: »Pressemitteilung. Sondergutachten: Aufbruch zu einer neuen Klimapolitik«, 12.07.2019, online unter: https://www.sachverstaendigenrat-wirtschaft.de/fileadmin/dateiablage/gutachten/sg2019/sg_2019.pdf, abgerufen am 24.03.2020.

7 Flassbeck, Heiner/Spiecker, Friederike: *Das Ende der Massenarbeitslosigkeit. Mit richtiger Wirtschaftspolitik die Zukunft gewinnen*, Frankfurt am Main 2016.

8 Vergleiche zu diesem Punkt die Artikelserie: Flassbeck, Heiner: »Das große Paradox: Der Liberalismus zerstört die Marktwirtschaft – 3«, in: *Makroskop*, 22.07.2019, online unter: https://ma

kroskop.eu/2019/07/das-grosse-paradox-der-liberalismus-zerstoert-die-marktwirtschaft-3/, abgerufen am 27.01.2020.

9 Herrmann, Ulrike: »Rezession als Chance«, in: *Deutschlandfunk Kultur*, online unter: https://www.deutschlandfunkkultur.de/abschied-vom-wachstumszwang-rezession-als-chance.1005.de.html?dram:article_id=468350, abgerufen am 28.01.2020.

10 Bauchmüller, Michael: »Feigheit vor dem Volk«, in: *Süddeutsche Zeitung*, 16.09.2019, online unter: https://www.sueddeutsche.de/politik/klimaschutz-klimapaket-kommentar-1.4601234, abgerufen am 27.01.2020.

11 Hier der erste Artikel davon: Flassbeck, Heiner/Spiecker, Friederike: »Bontrup-Erwiderung, die erste: zur Logik und zur Politik«, in: *Makroskop*, 26.09.14, online unter: https://makroskop.eu/2014/09/bontrup-erwiderung-die-erste-zur-logik-und-zur-politik/, abgerufen am 27.01.2020.

II. Deutschland als Vorbild?

1 Flassbeck, Heiner/Spiecker, Friederike: *Das Ende der Massenarbeitslosigkeit. Mit richtiger Wirtschaftspolitik die Zukunft gewinnen*, Frankfurt am Main 2016.

2 Agora Energiewende: »Vision und Mission«, online unter: https://www.agora-energiewende.de/de/ueber-uns/agora-energiewende/, abgerufen am 27.01.2020.

3 Agora Energiewende, Agorameter: »Stromerzeugung und Stromverbrauch«, online unter: https://www.agora-energiewende.de/de/themen/-agothem-/Produkt/produkt/76/Agorameter/, abgerufen am 27.01.2020.

4 Dubbers, Dirk [u. a.]: »Energiewende – Ein Kommentar aus der Physik«, 01.10.2019, online unter: https://www.physi.uni-heidelberg.de/~dubbers/energiewende/text.pdf, abgerufen am 27.01.2020.

5 »Bericht der deutschen Übertragungsnetzbetreiber zur Leistungsbilanz 2017–2021«, 23.01.2019, online unter: https://www.netztransparenz.de/portals/1/Content/Ver%C3%B6ffentlichungen/Bericht_zur_Leistungsbilanz_2018.pdf, abgerufen am 27.01.2020.

6 »Bericht der deutschen Übertragungsnetzbetreiber zur Leistungsbilanz 2017–2021«, 23.01.2019, online unter: https://www.netz

transparenz.de/portals/1/Content/Ver%C3%B6ffentlichungen/Bericht_zur_Leistungsbilanz_2018.pdf, abgerufen am 27.01.2020.

7 Massachusetts Institute of Technology: »Energy & Climate Outlook. Perspectives from 2015«, online unter: https://globalchange.mit.edu/sites/default/files/newsletters/files/2015 Energy %26 Climate Outlook.pdf, abgerufen am 27.01.2020.

8 »Energiewende geht ›gerade so richtig schief‹«, in: *Handelsblatt*, 08.07.2013, online unter: http://www.handelsblatt.com/unternehmen/industrie/doppelinterview-eon-siemens-energiewende-geht-gerade-so-richtig-schief/8462520.html, abgerufen am 27.01.2020.

III. Worum es eigentlich geht: Ökologie versus Ökonomie?

1 Flassbeck, Heiner/Maier-Rigaud, Gerhard: *Umwelt und Wirtschaft*, Heidelberg 1982.

2 IG Metall: »Innovationsfähigkeit der Autoindustrie erhalten«, 28.01.2015, online unter: https://www.igmetall.de/co2-konferenz-der-ig-metall-in-bruessel-15226.htm, abgerufen am 28.01.2020.

3 Spiecker, Friederike: »Die vielen Dimensionen des Umweltschutzes – ein Irrgarten ohne Ausweg?«, in: *Makroskop*, 02.10.2015, online unter: http://www.flassbeck-economics.de/die-vielen-dimensionen-des-umweltschutzes-ein-irrgarten-ohne-ausweg-050-e/, abgerufen am 28.01.2020.

4 »Paris climate deal will not include global carbon price, says UN climate chief«, in: *The Guardian*, 27.10.2015, online unter: http://www.theguardian.com/environment/2015/oct/27/paris-climate-deal-global-carbon-price-christiana-figueres-un, abgerufen am 28.01.2020.

5 Flassbeck, Heiner: »Spekulation mit Rohstoffen: Aus unhaltbaren Argumenten wird niemals ein haltbarer Standpunkt«, in: *Makroskop*, 28.01.2013, online unter: http://www.flassbeck-economics.de/spekulation-mit-rohstoffen-aus-unhaltbaren-argumenten-wird-niemals-ein-haltbarer-standpunkt/, abgerufen am 28.01.2020.

6 Wikipedia: »Hotelling's rule«, 11.11.2019, online unter: https://en.wikipedia.org/wiki/Hotelling%27s_rule, abgerufen am 28.01.2020.

7 »Die sagenhafte Rohstoffrally«, in: *Handelsblatt*, 08.03.2016, online unter: http://www.handelsblatt.com/finanzen/maerkte/

devisen-rohstoffe/eisenerz-oel-gold-die-sagenhafte-rohstoffrally/13068078.html, abgerufen am 28.01.2020.

8 Flassbeck, Heiner: »Eine gute Spekulationsstop-Initiative in der Schweiz und warum unsere Finanzmärkte immer noch nicht verstanden werden«, in: *Makroskop*, 27.01.2016, online unter: http://www.flassbeck-economics.de/eine-gute-spekulationsstop-initiative-in-der-schweiz-und-warum-unsere-finanzmaerkte-immer-noch-nicht-verstanden-werden/, abgerufen am 28.01.2020.

IV. Was zu tun ist

1 »Sharp drop in US emissions keeps global levels flat«, in: *Financial Times*, online unter: https://www.ft.com/content/540ebb0c-0a60-11e7-ac5a-903b21361b43, abgerufen am 28.01.2020.

2 Wetzel, Daniel: »Bundesregierung gibt Alleingänge im Klimaschutz auf«, in: *Welt*, 11.03.2017, online unter: https://www.welt.de/wirtschaft/article162762773/Bundesregierung-gibt-Alleingaenge-im-Klimaschutz-auf.html, abgerufen am 28.01.2020.

3 Müller, Sebastian: »Kaufprämie für E-Autos floppt«, in: *Makroskop*, 06.01.2017, online unter: https://makroskop.eu/2017/01/kaufpraemie-fuer-e-autos-floppt/, abgerufen am 28.01.2020.

4 Fricke, Thomas: »Was der Neymar-Wahn mit der Autokrise zu tun hat«, in: *Spiegel Wirtschaft*, 11.08.2017, online unter: http://www.spiegel.de/wirtschaft/unternehmen/fussball-und-oel-wie-elektroautos-den-transfermarkt-veraendern-koennten-kolumne-a-1159997.html, abgerufen am 28.01.2020.

5 Bauchmüller, Michael: »An Neujahr versorgte sich Deutschland erstmals nur mit Ökostrom«, in: *Süddeutsche Zeitung*, 24.01.2018, online unter: http://www.sueddeutsche.de/wirtschaft/oekostrom-an-neujahr-versorgte-sich-deutschland-erstmals-nur-mit-oekostrom-1.3813875, abgerufen am 28.01.2020.

6 Wenzel, Frank-Thomas: »85 Prozent durch Windenergie produziert: Ökostrom-Rekord an Weihnachten gebrochen«, in: *Berliner Zeitung*, 27.12.2016, online unter: http://www.berliner-zeitung.de/wirtschaft/85-prozent-durch-windenergie-produziert-oekostrom-rekord-an-weihnachten-gebrochen-25379292, abgerufen am 28.01.2020.

7 Bundestagsfraktion Bündnis 90/Die Grünen: »Deutschland kann 100 Prozent Ökostrom«, 05.01.2018, online unter: https://www.gruene-bundestag.de/energie/deutschland-kann-100-prozent-oekostrom-05-01-2018.html, abgerufen am 28.01.2020.
8 Wenzel, Frank-Thomas: »85 Prozent durch Windenergie produziert: Ökostrom-Rekord an Weihnachten gebrochen«, in: *Berliner Zeitung*, 27.12.2016, online unter: http://www.berliner-zeitung.de/wirtschaft/85-prozent-durch-windenergie-produziert-oekostrom-rekord-an-weihnachten-gebrochen-25379292, abgerufen am 28.01.2020.
9 Bauchmüller, Michael: »An Neujahr versorgte sich Deutschland erstmals nur mit Ökostrom«, in: *Süddeutsche Zeitung*, 24.01.2018, online unter: http://www.sueddeutsche.de/wirtschaft/oekostrom-an-neujahr-versorgte-sich-deutschland-erstmals-nur-mit-oekostrom-1.3813875, abgerufen am 28.01.2020.
10 Bauchmüller, Michael: »An Neujahr versorgte sich Deutschland erstmals nur mit Ökostrom«, in: *Süddeutsche Zeitung*, 24.01.2018, online unter: http://www.sueddeutsche.de/wirtschaft/oekostrom-an-neujahr-versorgte-sich-deutschland-erstmals-nur-mit-oekostrom-1.3813875, abgerufen am 28.01.2020.
11 Bundestagsfraktion Bündnis 90/Die Grünen: »Deutschland kann 100 Prozent Ökostrom«, 05.01.2018, online unter: https://www.gruene-bundestag.de/energie/deutschland-kann-100-prozent-oekostrom-05-01-2018.html, abgerufen am 28.01.2020.
12 Wölbert, Christian: »Deutsche Autokäufer greifen zum PS-Protz«, in: *Hannoverische Allgemeine*, 23.03.2018, online unter: http://www.haz.de/Nachrichten/Wirtschaft/Deutschland-Welt/Durchschnittliche-Leistung-von-Neuwagen-in-Deutschland-steigt-auf-152-PS, abgerufen am 28.01.2020.
13 Pötter, Bernhard: »Kapitalismus kann das Klima retten«, in: *TAZ*, 26.01.2019, online unter: https://www.taz.de/!5565123/, abgerufen am 28.01.2020.
14 Fraunhofer-Institut für Solare Energiesysteme ISE: »Energy Charts: Nettostromerzeugung in Deutschland in 2018«, 13.03.2019, online unter: https://www.energy-charts.de/energy_pie_de.htm?year=2018, abgerufen am 28.01.2020.
15 China Energy Portal: »2018 electricity & other energy statistics«,

25.01.2019, online unter: https://chinaenergyportal.org/2018-electricity-other-energy-statistics/, abgerufen am 28.01.2020.
16 China Energy Portal: »2018 electricity & other energy statistics«, 25.01.2019, online unter: https://chinaenergyportal.org/2018-electricity-other-energy-statistics/, abgerufen am 28.01.2020.
17 Fridays For Future: »Unsere Forderungen an die Politik«, online unter: https://fridaysforfuture.de/forderungen/, abgerufen am 28.01.2020.
18 »CDU-Chefin warnt vor sozialen Folgen einer CO_2-Steuer«, in: *Zeit Online*, 04.05.2019, online unter: https://www.zeit.de/politik/deutschland/2019-05/annegret-kramp-karrenbauer-cdu-co2-steuer-berufspendler-benzin-sozialpolitik, abgerufen am 28.01.2020.
19 Internationale Energieagentur: »Global Energy & CO_2 Status Report 2019«, online unter: https://www.iea.org/reports/global-energy-and-co2-status-report-2019/emissions, abgerufen am 28.01.2020.
20 »›I don't believe it‹ – Trump on climate report«, in: *BBC News*, 26.11.2018, online unter: https://www.bbc.com/news/av/world-us-canada-46324405/i-don-t-believe-it-trump-on-climate-report, abgerufen am 28.01.2020.
21 »›Den‹ Kapitalismus gibt es nicht – Diskussion mit Ulrike Herrmann, Heiner Flassbeck, Moshe Zuckermann«, 26.9.2019, online unter: https://www.youtube.com/watch?v=t9hmsRo8M_s&t=1390s, abgerufen am 28.01.2020.
22 Link, Christoph: »Kretschmann geißelt Klima-Paket der Großen Koalition« in *Stuttgarter Zeitung*, 21.09.2019, online unter: https://www.stuttgarter-zeitung.de/inhalt.landesparteitag-der-gruenen-kretschmann-rockt-partei-mit-groko-schelte.204532c3-f28c-4fad-9d7f-f22c334d7bf5.html, abgerufen am 08.03.2020.
23 Bündnis 90/Die Grünen: »Klimaschutz-Sofortprogramm: Was jetzt zu tun ist«, online unter: https://www.gruene.de/artikel/klimaschutz-sofortprogramm-fuer-den-sommer-2019-was-jetzt-zu-tun-ist, abgerufen am 28.01.2020.
24 https://www.faz.net/aktuell/wirtschaft/angela-merkel-fordert-haerteren-kurs-im-klimaschutz-16222876.html

V. Wie es weitergehen könnte

1 Bach, Stefan [u. a.]: »Lenkung, Aufkommen, Verteilung: Wirkungen von CO_2-Bepreisung und Rückvergütung des Klimapakets«, in: *DIW Aktuell*, Nr. 23, 17.10.2019, online unter: https://www.diw.de/de/diw_01.c.683659.de/publikationen/diw_aktuell/2019_0024/lenkung_aufkommen_verteilung_wirkungen_von_co2_bepreisung_und_rueckverguetung_des_klimapakets.html, abgerufen am 28.01.2020.

Heiner Flassbeck,
Friederike Spiecker
ISBN: 978-3-86489-295-0
ca. 112 Seiten, 16,00 €
ab dem 2. November 2020
überall im Handel
erhältlich und auf
www.westendverlag.de

Die Weltwirtschaft in Zahlen, Daten und Fakten

Die Weltwirtschaft wird auf eine ganz neue Art beschrieben. Jedem Interessierten werden die Möglichkeiten gegeben, selbst komplexe Zusammenhänge nachzuvollziehen und zu verstehen und vor allem zu erkennen, wo die politischen Herausforderungen liegen. Die erste Ausgabe widmet sich schwerpunktmäßig dem Corona-Schock.

Der Atlas der Weltwirtschaft:

- Aktuelle und ungeschönte Zahlen zu allen wesentlichen weltwirtschaftlichen Bereichen
- Nationale und internationale Wirtschaftsthemen
- Fundierte und faktenorientierte Texte
- Anschauliche Infografiken